砂质土隧道围岩力学参数及分级方法研究

王玉锁 著

西南交通大学出版社
·成 都·

图书在版编目（CIP）数据

砂质土隧道围岩力学参数及分级方法研究 / 王玉锁
著. —成都：西南交通大学出版社，2010.1
ISBN 978-7-5643-0552-9

Ⅰ.①砂… Ⅱ.①王… Ⅲ.①砂土－隧道工程－围岩
－岩石力学－参数－研究②砂土－隧道工程－围岩分类－
研究 Ⅳ.①U451 U45/1018

中国版本图书馆 CIP 数据核字（2010）第 009103 号

砂质土隧道围岩力学参数及分级方法研究
王玉锁 著

*

责任编辑 高 平
特邀编辑 杨 勇
封面设计 本格设计

西南交通大学出版社出版发行
（成都二环路北一段 111 号 邮政编码：610031 发行部电话：028-87600564）
http://press.swjtu.edu.cn
成都蜀通印务有限责任公司印刷

*

成品尺寸：185 mm×260 mm 印张：10
字数：250 千字
2010 年 1 月第 1 版 2010 年 1 月第 1 次印刷
ISBN 978-7-5643-0552-9
定价：28.00 元

前　言

目前我国正处于基础设施建设的大发展时期，各种交通土建工程如高速公路、高速铁路、城市地铁等的建设已全面展开。在隧道及地下工程中所面临的安全、环境、经济和人文等各种问题也越来越多，对能保证以上问题解决的各种规范和标准的要求也越来越高，许多目前应用的技术规范都面临着技术更新和完善的问题。由于我国目前所使用的有关隧道及地下工程围岩分级标准中，对土质隧道围岩分级所使用的指标大多是定性的，在使用上具有主观性，分级的准确性较差。提出明确的、能较全面反映围岩稳定性的、易于操作的土质隧道围岩分级指标，是迫切需要解决的问题。因此，本书针对土质隧道围岩分级中亟待解决的几个重点问题，对砂质土围岩分级体系进行了系统的研究，其工作具体体现在以下几个方面：

1. 通过对国内外大量砂质土围岩分级指标资料的调研和统计分析，建立了比较符合工程实际的砂质土围岩分级指标体系，并给出了各指标的获取方法。

2. 以砂质土围岩自稳性为研究基础，通过室内土工试验，利用数理统计和数据曲线图的方法，研究了砂质土围岩分级指标的各种组合情况对力学指标的影响规律，得出了利用围岩分级指标值来评定力学指标值的方法。在此基础上，将分级指标值进行了分段组合。

3. 提出了能综合反映砂质土围岩力学性能的砂质土围岩基本质量指标 SBQ 的定义。根据土工试验结果，利用数据曲线图、回归分析及聚类分析等数理统计方法，研究了 SBQ 值与砂质土围岩基本分级指标以及砂质土围岩力学参数之间的关系，得到了利用基本分级指标组合预测 SBQ 值，以及利用 SBQ 值来预测砂质土围岩物理力学指标值的定量表达式。

4. 提出利用砂质土围岩基本质量指标 SBQ 值作为评定基准，将分级指标值分段组合进行自稳性分组。以弹性力学中洞室开挖跨度与洞室周边位移的基尔西公式为理论依据，通过有限差分法数值模拟、相似模型试验等方法，获得了砂质土围岩自稳性。

5. 将所得的各组围岩自稳跨度数值与现行规范所提供的围岩分级标准对应，得到了砂质土围岩分级理论标准。将指标组合分组与理论标准对应，得到了砂质土围岩组合定性分级实用标准；根据土工试验结果，提出利用 SBQ 值作为稳定性分级的判别基准，得到了砂质土围岩综合定量分级实用标准。

6. 通过大量资料调研及室内土工试验，得到了砂质土各级围岩物理力学指标值。

7. 基于双车道公路隧道围岩自稳性研究成果，通过对国内相关资料的调研分析及数值模拟分析，经过计算调整，确定了一套砂质土双车道公路隧道的设计参数。

8. 根据调研资料，对砂质土围岩分级方法的正确性进行了验证。

本书的成稿，是在王明年教授的悉心指导下完成的，书中的研究和撰写等各个阶段都凝聚着王老师大量的心血和精力。在此，对老师致以最诚挚的敬意和衷心的感谢！感谢关宝树教授、钟新樵教授及四川省交通厅公路规划勘察设计研究院的李玉文院长、王凌云总工、江中平工程师、钟勇工程师在项目研究期间的大力支持，使得项目研究顺利开展。感谢高波教授、何川教授、杨其新教授、张志强教授、漆泰岳教授对项目研究及写作的指导。感谢陈炜韬博士、魏龙海博士、刘大刚博士、张建国博士、时亚昕博士、赵东平博士、郭军博士、郭春博士、于丽博士、路军富博士、童建军硕士、李培楠硕士、刘彪硕士、房敦敏硕士、李海军硕士、王铭硕士、周仁强硕士、陶德敬硕士、李强硕士、欧阳院平硕士、郇亚军硕士、宋南涛硕士、俞尚宇硕士等同门师兄弟，感谢他们在本项目研究中的帮助和关心！同时，也感谢本书所引参考文献的作者们！

限于水平和精力，本书所研究内容尚需进一步研究深化，欢迎广大读者提出批评和指正。

著 者

2008 年 12 月

目　　录

第1章
绪　论

1.1　研究的背景及意义

我国现行《公路隧道设计规范》（JTJ D70—2004）对岩石隧道围岩采用了《工程岩体分级标准》（GB 50218—94）的分级方法。它是针对岩石隧道及其他地下工程提出的，不包括土体围岩分级。为了适应公路隧道的实际情况和需要，将土体围岩分级引入进来，将围岩级别共分六级。其中土体围岩分级引用了《铁路隧道设计规范》（TB 10003）的相关内容，但这种分级方法经验的成分较大，有一定的人为因素和不确定性，在实际应用中存在不少的问题[1, 2]。为完善解决现行《公路隧道设计规范》中存在的问题，交通运输部科技教育司批准立项"公路隧道围岩分级指标体系与动态分类方法研究"科技项目，由西南交通大学主持研究，参加单位有四川省交通厅公路规划勘察设计研究院。

本书所研究的内容是该课题的一个子项目。

目前我国正处于基础设施建设的大发展时期，各种交通土建工程如高速公路、高速铁路、城市地铁等的建设已全面展开。在隧道及地下工程中所面临的安全、环境、经济和人文等各种问题也越来越多，对能保证以上问题解决的各种规范和标准的要求也越来越高，许多目前应用的技术规范都面临着技术更新和完善的问题[3, 4]。由于我国目前所使用的有关隧道及地下工程围岩分级基准中，对土质隧道围岩分级所使用的指标大多是定性的，在使用上具有主观性，分级的准确性较差。提出明确的、能较全面反映围岩稳定性的、易于操作的土质隧道围岩分级指标，是迫切需要解决的问题[1, 2, 5]。该问题的解决，对土质隧道工程的安全有效施工和避免不必要的投资具有重大的作用，同时，也是我国隧道及地下工程科研的一个重大完善和补充。

土质隧道围岩分级，在我国还没有进行专门深入或明确的研究。在我国目前的隧道及地下工程围岩分级中，虽对土质隧道围岩分类作了规定，但所用的分类指标多是定性的，尽管也采用了弹性波速度这一定量指标，但在实际应用中存在不少困难[6]。国内对土质隧道围岩研究工作进行得很少。这一直是我国隧道及地下工程围岩分类或分级工作中的缺憾。我国隧道及地下工程数目众多，虽说完全的土质隧道并没有像岩质隧道那样多见，但少量的或不多见的土质隧道在设计和施工时却往往成为整个隧道工程的难点和关键问题。在修建铁路、公路隧道时，在洞口浅埋段、断层内、全风化及强风化岩体中，常常遇到土质围岩（碎石土、砂性土、黏性土、类土岩等）。这些围岩虽在整个隧道长度中所占的比例少，但由于目前规范中围岩分类方法所涉及的土体无明确的定量分类指标，只凭定性指标来判断，有很大的主观性，很多土质围岩隧道在施工中会发生大的塌方，在建成后二次衬砌也会产生后续裂缝，造成工程的损害，给国家和人民的生命财产带来很大的损失。在设计、施工中对土质围岩作出准确的评估是极为重要的，特别是在开挖空间不能维持、开挖难以进行时，对于不得不进行再开挖的极差土质岩层应在选线阶段避开。此外，为了竭力抑制围岩松弛，防止坍塌、围岩挤入，甚至产生流动现象的发展，即使在施工过程中也能迅速地预测围岩破坏的过程，并恰当地反馈到设计、施工中是非常必要的[7-39]。为此，正确地预测设计和施工阶段土质围岩的破坏程度的评价标准是必要的。《公路隧道设计规范》（2004）中的"公路隧道围岩分级方法"未能具体表示土质围岩的分级方法。本书为了确定土质围岩的评估方法，收集了相应的施工实例进行分析，提出分级标准的几个方案，研究的目的就是以这些资料为基础，深化实例分析，按分级标准提出公路隧道设计和施工阶段土质围岩的评估方案。而土质隧道围岩按土的工程地质定义，又包括很多情况，如《岩土工程勘察规范》（GB 50021—2001）中根据颗粒粒径及塑性指数将土分为碎石土、砂土、粉土及黏性土等[40]，可见土质隧道围岩所包含的范畴很广，并且许多破碎软弱围岩和土质围岩在隧道围岩稳定性方面的力学形态和破坏机理相同，都能划归于土质围岩范畴。而在土质隧道围岩中，又根据力学形态上的差异，可分为两大类：一类是呈松散介质力学形态的散粒土质隧道围岩，包括碎石土和砂土隧道围岩；而另一类是弹塑性变形较大，可以按连续介质力学理论分析研究的黏土质隧道围岩，如粉土、黏性土和类似具有膨胀性的类黏性土隧道围岩。这两种类型的土质隧道由于力学形态上的差别，应分开来研究[41, 42, 43]。

隧道及地下工程中，涉及的砂质土围岩十分常见。目前我国各大城市修建的地下工程中，几乎都会遇到砂质土围岩情况。

如北京地铁"复—八"线大北窑—热电厂区间隧道，采用浅埋暗挖法施工。自区间隔断门向西施工时遇到饱和状态的自稳能力极差的粉细砂层，经扰动即成流砂状[44]。北京地铁10号线双井站—劲松站区间，全长808.638 m，由左、右两座分离式标准双线区间隧道组成。区间隧道穿越地层主要为砂土、粉土、黏土及拱顶砂式圆砾层，土层自稳能力差，很难形成自然应力拱，易坍塌；同时，由于地下水的作用，砂层易发生涌水、涌砂等现象，施工时必须做好加固、稳砂及降水措施。区间隧道采用暗挖法施工方案[45]。西直门站—动物园站区间隧道处于西直门外大街下方。该区间段隧道左右线全部穿越砂卵石地层。砂卵石地层是一种典型的力学不稳定地层，颗粒之间空隙大，黏聚力小，颗粒之间点对点传力，地层反应灵敏，稍微受到扰动就很容易破坏原来的相对稳定平衡状态而坍塌，引起较大的围岩扰动，使开挖面和洞壁都失去约束而产生不稳定[46]。北京地铁10号线一期工程苏州街站，车站形式为两端双层暗挖，中间单层暗挖单柱双跨侧式车站。车站总长195 m。车站通过主要地层从上至下分别为粉质黏土层、粉土层、圆砾卵石层、中粗砂层、粉细砂层、粉质黏土层、卵石圆砾层，基底位于卵石圆砾层。车站施工采用矿山法全暗挖施作[47]。北京地区采用盾构穿越柳西线和京九线两条铁路大动脉时，同时拟建管线主要位于砂卵石层中。穿越区域地质情况从地面向下依次为碎石填土层、轻亚黏土填土至中亚黏土填土层、细砂粉砂层和砂卵石层。盾构推进断面基本为全断面砂卵石。盾构机覆土 6.75 m，其中盾构机顶部 2～3 m 为细砂粉砂层[48]。北京市凉水河南岸污水盾构隧道工程，覆土厚度为 5.7～8.1 m。盾构隧道断面内无地下水，微湿。盾构主要在新近沉积的全断面及部分断面砂卵石、圆砾石层中推进[49]。

深圳地铁大剧院—科学馆区间位于市中心深南大道下。隧道采用浅埋暗挖法施工。区间隧道在 SK3+850～SK4+040 段穿越流塑及可塑状砂质黏性土层[50]。深圳地铁侨城东至华侨城区间隧道设计为左、右线并行隧道，隧道设计开挖宽度为 6.3 m，开挖高度为 6.61 m。隧道施工采取矿山法正台阶法施工。根据侨城东站工程地质勘测报告给出的工程地质条件评价为：本场地为中等复杂场地，河身在小沙河段及砂层段地层主要为第四系残积层及花岗岩全风化层。围岩易产生坍塌、片状脱落[51]。深圳地铁香蜜湖—车公庙区间隧道位于深南大道的中央及北侧的绿化带下，全长 1 101.38 m。覆土厚度为 8.7～10.9 m，断面为马蹄形，复合式衬砌，宽 6.36 m，高 6.66 m。区间采用暗挖法施工。区间中有三段长约 642 m 洞顶为较厚的富水砂层段。地层自上至下分别为：人工堆积层素填土冲积、海积层黏性土混砂砾，夹薄层砂；冲积、海积层砂类土，松散至中密，局部密实，结构松散，含水丰富，工程地质条件极差；残积层、花岗岩全风化带结构松散，扰动后结构破坏，遇水易软化，强风化带扰动后遇水成砂砾状[52]。深圳地铁桥城东站站后折返线穿越的地层主要以全风化花岗岩、砾质黏性土和砂质黏性土为主，部分地段拱部有砂层。这些地层松散，黏接性差，自稳性差，弱透水性，遇水软化变为流塑状。站后折返隧道围岩等级均为Ⅴ级，属于软弱围岩[53]。深圳地铁一期工程科学馆—华强路区间隧道，长 790.7 m（双线），呈两平行直线。暗挖法施工，洞顶覆盖土层厚 9.84～14.13 m，土层为第四系全新统人工堆积层、海积冲积层及第四系中统残积层，均属于Ⅱ类围岩的富水软弱地层；隧道下伏燕山期花岗岩，第四系残积层包括砂质黏性土、砾质黏性土[54]。深圳市向西路人行地道位于探南东路和向西路交汇处。人行地道主通道全长 50 m，穿越第四系冲积层，开挖断面的拱部为淤泥质粉质黏土层和粉质黏土层，拱部以下为中、粗和细砂层。隧道结构为割圆拱形，其拱顶覆土厚 4.3～5.3 m，开挖跨度和高度分别为 7.35 m 和 4.65 m。隧道采用 CD 工法开挖，属超浅埋暗挖。支护形式为复合式衬砌结构[55]。深圳市中信地下商场 B 区为超浅埋暗挖大跨度平顶直墙隧道。隧道位于深南大道与上步快速路交汇处以南，横穿上步快速路，隧道开挖断面宽 27.7 m，高 6.45 m，埋深 4～5 m，全长 56.56 m，整个结构为单层框式钢筋混凝土结构。该隧道主要穿越地层为人工素填土层、饱和中砂层、黏土层，且地下水丰富[56]。

杭州解放路延伸工程一标段始于建国路和解放路交叉口，其中隧道全长 706 m，为上、下行分离式小间距隧道，双向四车道。隧道覆土厚度 5.0～5.3 m，隧道洞身穿越土层主要为砂质粉土夹粉砂，弱透水性，中密状为主，薄层状构造，下部多夹粉砂、细砂薄层。土体渗透性相对较好，土层饱和水情况下，扰动易液化，另外若出现流砂、管涌均会造成开挖面失稳。下卧层主要为砂质粉土层[57]。杭州市庆春路—新华路地道工程采用浅埋暗挖法进行施工，该工程"周边环境复杂、施工场地狭窄、技术难度大、施工组织困难、安全风险大"，是杭州地下工程中最难、最复杂的项目之一。隧道洞身穿越土层主要为砂质粉土夹粉砂，弱透水性，中密状为主，薄层状构造，下部多夹粉砂、细砂薄层。隧道下卧层主要为砂质粉土层[58]。杭州市解放路隧道穿越沪杭铁路段，共长 41.6 m。隧道由两座小间距（隔墙厚仅 75 cm）隧道组成，为双向四车道，采用暗挖法施工。隧道所穿越地层为砂质粉土夹砂层，地下水位埋深较低且极其丰富，隧道开挖过程中极易发生涌水、涌砂、坍塌等事故[59]。

上海市共和新路高架工程中山北路站至延长路站区间隧道联络通道及泵站位于两站区间隧道中部。周围地层以粉土和粉细砂为主，含承压水，扰动后极易形成流砂[60]。上海大连路越江隧道联络通道是在含饱和承压水的砂性土层中进行施工的，因而极具风险性[61]。

成都市南部新区 A6、A10 线电力隧道下穿天府大道工程，设计采用浅埋暗挖法进行施工。该电力隧道全长 110 m，埋深 10 m 左右。隧道主要穿越砂卵石地层[62]。

广州地铁 5 号线的珠江新城—猎德区间为 5 号线仅有的两个暗挖矿山区间之一，全长 1 466.769 m（双线）。拱顶穿过中粗砂层、冲洪积粉质黏土层、硬塑状残积粉质黏土层、全风化及强风化泥质粉砂岩。洞身范围大部分为全风化及强风化泥质粉砂岩，拱顶以上存在大量中粗砂层，砂层的最大厚度约为 3 m，总体属于 Ⅵ 级围岩。隧道拱顶以上砂层较厚，渗透系数很大，隧道开挖过程中稍有不慎，即会造成涌水涌砂、土层坍塌，导致地道及路面出现较大程度的沉降[63]。广州地铁体育西路至体育中心区间全长 708 m，北段 120 m 穿过 60 m 宽的天河路，与体育中心站相接，埋深 7 m。隧道在饱和粉砂层、硬塑黏土层中穿过，其中饱和砂层位于隧道拱顶以下 2 m 范围[64]。广州轨道交通 4 号线大学城专线新造站至市莲路站区间位于广州市新造镇曾边村，为矿山法施工暗挖隧道，长 917.4 m。工程设 3 个竖井。本区间风化基岩埋深较深，表层多分布有较厚的坡、残积土层，局部低洼沟谷分布有少量软土。主要为软弱混合岩粉砂质黏性土层，该层表现为白色，软塑状，含水丰富，含砂率高，黏性很差，孔隙率达到 0.9%；自稳能力差，井壁暴露后马上坍塌；自稳时间短，承载能力差，遇水后几分钟便软化崩解；触变性强，施工扰动易液化，由于地下水的渗流而导致竖井涌砂，井壁后背坍塌，形成空腔；暗挖隧道 167 m 位于可塑残积砂质黏性土层中[65]。广州地铁 2 号线新（港东站）—磨（碟沙站）区间，隧道设计为两条单线隧道，净间距为 25 m，暗挖区间长 80 m，埋深约 5 m。隧道在粉砂及粗砂层中穿过[66]。

南京地铁 1 号线张府园—三山街区间隧道全长 805 m，根据地铁工程系统设计，需要在上、下行隧道之间修建一条联络通道，该通道距离张府园站 430 m 处，通道拱顶埋深 13.2 m，通道宽 3.3 m、高 3.6 m、长 17.2 m，主要起紧急连通作用。通道开挖地层以粉质黏土和粉细砂为主，地层土质均匀、透水性强、孔隙比大、含水率高、强度低，在动力作用下易产生液化现象，属于流砂地层，承载力低，无法自稳[67]。

重庆市主城区排水工程是通过世界银行贷款修建的，该工程计划总投资 27 亿元人民币，工程完成后将从根本上解决重庆主城区污水处理问题，对保证三峡库区环境有十分重要的作用。重庆市主城区排水工程 CQWW2.O1 标段 57～61 隧洞埋深 8～10 m，开挖断面呈直边墙半圆拱形，高宽约 3 m。隧洞围岩及上覆岩土为砂质黏土，采用人工挖凿。由于砂质黏土自承能力差、遇水极易软化，在隧洞施工期间很容易出现隧洞变形和地面沉降[68]。

长沙市芙蓉南路电缆隧道 H 标段主隧道全长 1 183.98 m，埋深 20.5～31.4 m，共设置竖井 4 个。其中 8 号措施井深 33 m，依次穿过回填土、粉质黏土夹卵石层、中至粗砂层、砾砂至圆砾层、粉质黏土层和强风化泥质砂岩层：中至粗砂层，湿至饱和，稍密至中密，含少量黏性；砾砂至圆砾层，湿至饱和，中密，卵石含量一般占 35%～65%，多为亚圆形，粒径 2～

15 cm，其余为中至粗砂，局部含少量黏性土，属极松软的地层[69]。

早在 20 世纪 70 年代，哈尔滨市沿城市主轴修建了一条人防隧道（简称 7381 人防工程），该工程是按照当时的地铁标准设计和施工的，是运用矿山法施工建造的，隧道结构是单洞双线"马蹄形"断面，车站为单层三联拱形式，结构限界满足当时的地铁技术标准。隧道埋深 15~26 m，土质以粉质黏土为主，间或有细砂。细砂层厚度分布不均，0.3~6.1 m，干、中密。地层物理力学特性较好，地下水水位低于洞体埋深，有利于地下洞室的施工、稳定[70]。

尼泊尔巴格玛迪环保隧道工程是用来解决该国最大的佛教圣地一条内河水质污染问题的环保配套工程，也是该国首都加德满都市的一项重要市政工程，一直受到国际环保组织和尼泊尔各级政府的极大关注。我国萍乡矿业集团于 2000 年 5 月在尼泊尔承建了巴格玛迪环保隧道工程。该隧道处于松散砂质地层中，隧道底板约 1.5 m 以下为流砂含水层。特殊的地质条件和当地人、财、物条件的限制，给工程施工带来了极大的困难[71]。

砂质土围岩不仅在城市地下工程中常见，而且在各种公路、铁路及水利工程中也是很多见的。

如宝兰二线天兰段新松树湾隧道位于甘肃省定西地区陇西县境内，所穿大营梁为渭河水系和祖历河水系的分水岭。隧道范围揭示的地层为上更新统风积黏质黄土，中、下更新统滨湖相杂色砂黏土和老黄土。其中隧道通过长度长、对工程影响大的杂色砂黏土：灰色、灰黑色为主，土质不均，具有层理，结构紧密，粉粒为主，夹砂层及砂、砾石透镜体，含有机质及盐碱，局部见有贝壳碎屑。土体工程性质差：半干硬至硬塑者，Ⅱ级普通土，Ⅱ类围岩；软塑及流塑者，Ⅰ级松土，Ⅰ类围岩。新松树湾隧道出口端为杂色砂黏土地层。在隧道施工 Ⅰ类围岩段和Ⅱ类围岩段时，都存在杂色砂黏土围岩开挖暴露软化松胀及量测的洞内收敛值较大等问题[72]。

罗家山隧道位于宝兰二线 DK1 268+036~DK1 269+381 处，全长 1 345 m，为单线铁路隧道。罗家山隧道出口与渭河河滩高差为 15 m。由地质出露判明，洞口拱部山体围岩为松散的粉砂、卵石结合体，厚 4 m。原为渭河古河床，其上部覆盖 1 m 左右的黄土层。为保证隧道施工能正常进行，对洞口边脚部位进行清理，在清理过程中，洞口上部的粉砂、卵石发生坍滑，迫使施工暂停[73]。

我国西北地区，风积砂地层较多，当新建的铁路隧道通过风积砂地层时，在施工上会遇到不少难题。目前，正在修建的丰准线和神朔线上有好几座隧道程度不同地通过风积砂地层。其中最典型的是神朔线上的杏树峁隧道。风积砂地段的隧道施工技术在我国铁路系统中还没有成型的方案。杏树峁隧道位于神朔线北段，全长 463 m，覆盖层厚度为 15~30 m，属浅埋。除出口约有 20 m 黏砂土外，其余均为风积粉细砂层，属 Ⅰ类围岩。砂的颗粒细而均匀，大多集中在 0.05~0.1 mm，属粉细砂，级配很差，孔隙比大，开挖扰动后呈松散状，无黏结力，自稳能力差。隧道上弧导开挖后，地表有明显的沉陷[74]。

新杏树峁隧道位于神（神木）朔（朔州）铁路复线神木北至神池南段，全长 241 m。该隧道位于中低山黄羊城沟峡谷区，沟谷发育。洞身穿越山梁上部为半固定砂地，风积细砂厚度大于 30 m。地质情况：细砂、黄土质黏砂土、粉砂，属Ⅵ级围岩[75]。

新东沟 1 号隧道位于神朔复线神木北至神池段，全长 326 m。隧道穿越 Ⅰ~Ⅳ类围岩，其中 Ⅰ类围岩段长 117 m，洞顶覆盖层 5~17 m，为第四系全新统风积砂，呈淡黄色、褐黄色，颗粒成分以石英、长石为主，稍湿至潮湿，Ⅰ级松土，$\delta_0 = 100$ kPa。开挖后土体自稳能力差，易坍塌，地面沉降量难以控制[76]。

经棚隧道位于内蒙古自治区赤峰市克什克腾旗经棚东侧，是国道 306 线控制工程。隧道全长 290 m。隧道开挖净空宽×高为 12.38 m×9.31 m。隧道洞身处在风积砂丘中，最大埋深约 34 m；隧道通过地区上层为第四系上更新统地层，下部为燕山中期花岗岩，由进口向出口依次为粉砂层、细砂层、中砂层，局部见基岩风化壳出露[77]。

大连大窑湾疏港高速公路位于大连市开发区，是建设中的中国最大的国际深水中转港之一——大窑湾港和沈（阳）大（连）、丹（东）大（连）高速公路连接的枢纽工程，该工程路线全长 28.44 km，总投资 6.2 亿元人民币。大连大窑湾疏港高速公路松树岭隧道进出口洞口段埋深 10 m 左右，设计为曲边墙三心圆弧拱形式，分离式单向三车道，设计时速 120 km。开挖断面高 10 m、宽 18.4 m，为大跨度开挖断面结构形式。隧道围岩及其上覆盖层为砂质黏土。由于砂质黏土自承能力差、遇水极易软化，在隧道施工期间很容易出现围岩变形和地表下沉[78]。

城陵矶长江穿越隧道为西气东输忠—武区段工程长江水下隧道部分，是万里长江第一长隧道，该工程位于城陵矶下游约 4 km 处，过江隧道全长 2 756.4 m，先由南北两岸施作竖井到达隧道设计高程再进行隧道施工。南岸竖井直径 7.5 m、深 35.5 m，设计第四纪含水砂层采用沉井法施工，嵌入基岩 2.0 m，沉井段共 23.5 m 深，其余 12 m 段采用矿山法施工。施工时当沉井沉至 20.8 m 接近基岩时下沉极其困难，为此在刃脚距基岩平均 1.3 m 处提前封底，封底后采用注浆堵水加固砾砂、卵石层地层，采用矿山法施工[79]。

长沙市某电缆隧道全长 993 m，除部分斜井段外全部为暗挖，采用新奥法进行施工。该隧道平均埋深 17 m。隧道要穿越 3.7 m 深的砂砾层[80]。

西安至安康线是新建单线 I 级电气化铁路。王家堂隧道位于 DKZ03+748～DK204+045 段，全长 297 m。隧道从片岩逐渐过渡到粉砂层；出口端 182 m 处在志留系下统片岩之中。接下 40 m 隧道拱顶、拱部在粉砂层中而边墙和隧肩处在片岩之中；出口段 75 m 隧道处在粉砂层中。粉砂层为旬河古河道沉积物，含泥量 5%～10%。潮湿，有少量毛细水活动，属 I 类围岩，结构松散，自稳能力差，一经扰动即滑坍，极不稳定。处理不好，在开挖过程中常出现变形失稳涌出。在无预防整治措施的情况下将破坏支护，危及设备、人员安全，严重的通天冒顶，处理十分困难[81]。

厦门翔安海底隧道全长 5 900 余米，是我国第一条海底隧道。隧道出口端穿越 300 多米长的浅滩砂层段。暗挖隧道穿越饱水的海滨砾砂层，施工存在许多难题，其中主要的难点，就在于饱水砾砂层孔隙率大，渗透系数大，处理措施不当，就会发生涌水涌砂，连通大海的灭顶之灾[82]。

乌鞘岭特长隧道进口端为第四系全新统冲、洪积黏质黄土浅埋段，隧道覆盖层厚 7～14 m，洞身穿过段主要为现代河床冲积、洪积层和山坡坡积层，由黏质黄土、卵石土、碎石土组成。围岩地质差，地下水丰富，突水、突泥、滑塌、变形、塌陷现象极易发生[83]。

酒泉冰沟电站位于甘肃省酒泉地区，引水隧道全长 7 100 m，其中 4 630 m 穿过酒泉砂砾层带[84]。

老爷岭隧道全长 3 958 m，为宝中线六大控制隧道之一。该隧道进口 DK150-l+856～DK151-l+930 段为砂砾地段，该段围岩除少量为钙质胶结外，大部分为泥质胶结，较为松弛，设计判断大部分为 IV 类软弱围岩。钻眼放炮的渣体为以砂砾石为主的松散体，粗粒状[85]。

梧桐山下行隧道，是沟通深圳、盐田港、香港的一条咽喉要道，全长 2 370.41 m，设计为双车道。隧道进口端覆盖层厚 11～20 m，属浅埋，其中 38 m 长出现了砂层，厚 0～6 m，主要成分为粗砂，含粒径 2～3 cm 的砾石，在隧道施工中极易发生塌方[86]。

老鸦峡隧道左洞长 2 835 m，右洞长 2 830 m，是青海省马平高速公路的重点控制工程，施工的第八合同段为出口段。出口段地层为砂卵石层，内部多处采空区，隧道出口于该层或其下部穿过。怎样快速、安全地进洞是本隧道施工的重点和难点[87]。

西气东输工程潜江—湘潭支线某长江穿越隧道主要是由南、北两岸竖井和中间隧道组成。其中南岸竖井深 35.50 m，北岸竖井深 67.55 m，穿越隧道长约 2 700 m。竖井上部采用沉井法施工，下部采用矿山法施工，竖井间穿越隧道北段采用矿山法施工，南段采用盾构法施工。淹井事故发生在北岸竖井，该竖井主要穿越的地层自上而下依次为：粉质黏土，粉砂，细砂角砾，全、强风化带，中风化带及微风化带绿泥石质板岩[88]。

南水北调工程作为世界上最大的水资源配置工程之一，将是解决北方地区缺水的有效措施，中线工程负担着向干旱最严重的河南、河北、北京、天津等地区供水的任务。穿黄工程是中线输水的关键工程，作为输水方案之一的隧道工程，其开挖外径近 10 m，双线，拟采用盾构法施工。穿黄隧道地基砂层厚一般为 30～70 m，主要为第四系全新统冲积层，并可细分为几个亚层。自上而下为：粉细砂，厚 8～13 m；细砂夹少量中砂，厚 3～18 m；中细砂层，厚 5～56 m，属于易液化的砂土范围。根据测定，砂层的相对密度平均在 0.70 以上，属密实状态[89]。

本桓公路新建八盘岭隧道工程位于辽宁本溪满族自治县泉水镇与田师傅镇之间，全长 1 850 m。由于洞顶覆盖层薄，设 10 m 明洞。其进洞段围岩为强风化灰岩坡积而成的黄褐色碎石土，结构松散，其间夹杂砂土[90]。

神盘隧道位于陕西省神木县境内，隧道全长 240 m，穿越地层为粉土、古土壤与粉质土互层、砂层、粉土与红黏土互层，该隧道有 85 m 穿越地层为砂质低液限黏土夹砂层，且砂层位于拱顶 1～2 m，土质松散，稳定性差，极易造成坍塌[91]。

湖南省某电缆隧道工程属城网改造项目，起于芙蓉变电站，顺芙蓉中路、芙蓉南路，经新中路立交桥，过京广铁路，沿长沙大道，止于长沙大道友谊路，主隧道全长 6 988 m。其中主隧道净宽 2.2 m，净高 2.73 m，开挖宽度 3.0 m，开挖高度 3.44 m。本工程斜井穿越的地层为人工回填土，淤泥及淤泥质土，第四系冲积层粉质黏土，第四系冲积层的砾砂、圆砾、中粗砂及卵石层，第三系统性至白垩系强风化泥质粉砂岩，其中第四系冲积层的砾砂、圆砾、中粗砂及卵石层垂直厚度达 10 m 以上。斜井施工进入该段地层后，由于土体自稳能力差，拱部和边墙塌方严重，随时有大塌方的危险[92]。

武汉长江隧道工程为双孔四车道的公路隧道，隧道长 3 270 m。从本工程场地的地质特征、钻孔柱状图与室内常规试验结果可以看出，武汉长江隧道工程沿线场址都分布有厚度不等的全新世粉质黏土和砂层，沉积物厚度大，且江北、长江河道和江南两岸场地上部（20 m 以内埋深）均发育粉土、粉细砂、细砂[93]。

日本在东名高速公路改建工程的大井松田—御殿场段新建 9 座三车道断面的隧道。其中，自御殿场的所领第一、第二隧道位于覆盖层浅的未固结软弱砂土地层中，工作面自稳困难[94]。

日本的舞子隧道是一座 3.3 km 长的三车道双孔公路隧道，位于本州岛—四国桥梁工程的神户—鸣门线路神户端垂水交汇处以及与明石海峡大桥相连的舞子高架桥之间。隧道大约有四分之一的长度穿过称之为大阪组的非黏结砂和砾石地层。此隧道主要用喷锚施工法进行开挖[95]。

日本在神户市的西北神地区修建的阪神高速公路北神户线，是为沟通地区与地区之间及地区与城市间的交通而修建的一条公路。井吹隧道位于该线的起点处，全长为 195 m，开挖断面为 207.3 m²。地层为土砂覆盖层，只有 19 m。隧道采用暗挖双孔的形式施工。地质主要是以第三纪鲜新世—第四纪洪积世的大阪层群（砂、砾、黏土层）厚层分布，在丘陵台地的地表为堆积层（黏土与砂砾瓦层）分布。同时在两洞口附近山腰覆盖的是岩锥堆积层（黏土夹砂层、砂砾层）。隧道开挖主要是在大阪层群砂砾层内。在砂层和黏土层中的 N 值，50%以上是未固结层。在隧道的中下部范围内，于这种砂砾层中多数含有直径为 5～50 mm 的圆形燧石，而基岩是以粗砂为主，同时也含有相当成分的黏性土。拱部则以粉砂为主体，并多半含有细砂成分。然而，预料几乎是没有涌水的威胁[96]。

目前，我国正处于基础设施建设发展的高峰，各种高速交通设施正在或有待建设，其间必然会遇到比以前地质条件更加复杂的情况。如台湾新建的高速铁路，其中由台湾高铁公司负责修建的 330 km 高速铁路中，隧道有 44 座，其中除一条长 2 149 m 的迴龙隧道外，均属软弱地层，主要组成为卵砾石及胶结软弱的砂泥层。这些软弱地质常是往年在定线规划时避开的，以降低施工的风险，故施工经验甚少[97]。而所参考的国内外类似地质情况的围岩分类方法都不适用于此。所以针对上述地质情况制定了一个新的区别于一般岩体围岩的分级方法[98]。由此可见，围岩分级应是一个完善的体系，应尽可能包括各种地质情况。况且，围岩分级并非完全是围岩稳定性的分级，还涉及支护结构设计参数的确定、工程定额的制定，甚至还涉及工程完成后的维修和养护工作。在这方面，日本走在了前面，日本国铁中已有较完善的、明确的土质隧道围岩分类[99]。

从以上分析可以看出，砂质土围岩的范围很广，研究砂质土围岩分级是对当前我国有关规范的有力补充，并且对世界范围内的隧道及地下工程稳定性研究工作可以起到承前启后的作用。这也说明，我国有必要进行砂质土围岩采用定量指标方法进行分级的研究。

1.2 砂质土围岩分级研究现状

1.2.1 砂质土围岩物理力学指标值研究现状

1. 岩土工程勘察中砂质土工程参数的评定方法

岩土工程勘察中砂质土工程的力学指标主要包括承载力、压缩模量（或变形模量）和抗剪强度。

砂土工程参数的评定在岩土工程勘察中是个难题。其原因在于要采取保持天然孔隙比和原状结构的砂土土样是非常困难的。通过原位测试评定砂土的工程参数是唯一可行的途径。砂土中常用的原位测试有标准贯入试验（SPT）和静力触探试验（CPT）。通常的研究方法是建立利用 SPT 的 N 值和 CPT 的 q_c 值评定砂土的相对密实度 D_r、内摩擦角 φ 和压缩模量 E_s。

或变形模量 E 的经验关系[100]。

现行求取粉土、砂土压缩模量的方法有两种：一种是野外取原样进行室内试验，另一种是通过原位测试的方法（标准贯入试验、静力触探试验）求得。其中使用标贯击数法求得压缩模量是一种间接方法，由于室内试验方法要经过从现场到实验室开土一系列过程，粉土、砂土的原状结构不同程度地遭到破坏，从而改变了其压缩模量的真实可靠性。所以，除特殊要求的工程外，均采用标贯击数来间接取得粉土、砂土的压缩模量[101]。

静力触探的重要应用之一是确定砂土的相对密实度和内摩擦角。沟通 q_c-φ 关系的方法途径各异，但归纳起来无非有 3 种：① 建立 q_c-$\bar{\sigma}_v$-D_r（$\bar{\sigma}_v$ 为有效覆盖层压力）曲线图，进而用 D_r-φ 图确定 φ，如 Schmertmann（1977）以及 Iumme 和 Christoffersen（1983）等；② 用 q_c-$\bar{\sigma}_v$-D_r 曲线确定 φ，如 Robertson 和 Campanella（1983）；③ 直接建立 q_c-φ 关系曲线。前面两种方法均牵涉到难以测定的砂土重度，尤其是水下土重度的问题。另外，q_c 与 D_r 或 γ_d 的关系还因饱和与非饱和而不同。所以，如果仅仅为估计 φ，使用前两种方法反而不如第③种方法简便可靠[102, 103]。

在建立 N 与 φ 的相关关系方面，国内外有很多经验公式和相应表格。吉布斯和霍尔兹[104]（1957）对砂土 N 与 φ 进行统计建立相关方程，并结合砂土粒度和覆土层有效压力（$\bar{\sigma}_v$）给出了 N-$\bar{\sigma}_v$-φ 表格。

黄涛[101]（1997）通过对现行确定粉土、砂土压缩模量方法的利弊进行分析，提出了一种使用标贯击数（标准值）直接确定粉土、砂土压缩模量 E_{1-2}（标准值）的方法。艾军等[105]（1993）通过大量有关风化砂砾土的物理力学性质的试验，对风化砂砾土的强度与含水量、重度的关系及风化砂砾土在不同含砾量时的最大干重度与最佳含水量的关系和塑性指数对风化砂砾土最大干重度的影响进行了研究，得到了几个物理力学指标值之间的定量关系。王晓峰[106]（1994）对齐齐哈尔城区风成砂土的物理力学指标进行了统计与分析，提出了齐齐哈尔城区风成砂土的物理力学指标的特征值，建立了天然含水量与天然重度的回归方程，提出了已知天然含水量确定风成砂土天然孔隙比及天然重度的经验关系表。朱小林[100]（1995）提出了由标准贯入试验（SPT）和静力触探试验（CPT）估算上海砂土的岩土参数（相对密实度 D_r、内摩擦角 φ 和压缩模量 E_s）的方法。杜学玲等人[107]（2000）通过室内系列化的直剪试验和静力触探模拟试验，对沙漠砂的抗剪强度特征取得了规律性的认识，并建立了砂土内摩擦角与锥尖阻力之间的经验关系。研究认为：非饱和砂内摩擦角 φ 与相对密实度 D_r 和含水量 w 的关系均很密切，应进行二元回归分析；而饱和砂则可看做仅随 D_r 增加而增大。陈洪凯等[108]（2000）基于对重庆库区侏罗系泥岩典型风化松散土体大量的室内敏感性测试成果，比较详细地分析了天然重度、强度参数、渗透系数与含水量之间的基本关系，探讨了 C、φ 随天然重度及含水量之间的变化特性。陈继等[109]（2002）在对塔克拉玛干沙漠砂大量现场原位试验、室内大型原位模拟试验的基础上，提出了用静力触探方法（CPT）和标贯法（SPT）获取沙漠砂变形模量的经验公式 q_c-E_0 和 N-E_0，并把经验公式表格化。杨小荟等[110]（2005）通过野外勘察和大量物理力学性质试验研究结果表明，沙漠砂力学性质的变化主要受干密度和含水量的影响：干密度越大，含水量越小，其力学性质越好。王淑云等[111]（2005）分析了几组原状、重塑和配制土样的静三轴试验结果，认为颗粒级配和结构性是影响粉砂应力-应变关系和强度特性的两个主要因素。杜学玲等[112]（2005）为了在沙漠地基勘察中推广应用静力触探技术，在控制相对密度和含水量的条件下，进行了一系列室内大、中型槽原位测试模拟试验及相关土工试验，取得了塔克拉玛干沙漠静力触探指标 q_c、标准贯入试验锤击数 N 和抗剪强度指标 φ 的一系列有效数对，并进行了线性回归，建立了 q_c-φ 和 N-φ 之间的相关关系，且论证了二者之间的协调性。万志杰[113]（2005）利用砂砾石的物性指标评价其力学指标的方法在中小型水利水电工程地质勘察中具有较为广阔的应用前景，对中小型水利水电工程地质勘察具有积极的指导意义。

砂质土力学指标主要是通过现场力学试验来确定的，但现场力学试验受时间、地点、环境、交通、经费、土体自身结构、试验设备及试验技术等条件的限制，往往无法在现场进行，且试验结果较分散，离散性较大。而常规简易土工试验设备简单、费用低廉、技术难度小、时间、地点、环境、交通等外界条件对试验结果的影响不大。故采用由常规简易土工试验得出的物性指标评价需由现场力学试验方可确定的力学指标，在工程地质勘察中，不失为一种行之有效的手段。这是因为，组成砂质土的粗颗粒物质在从物源区向下游的搬运、沉积过程中，软质成分的粗大颗粒因冲刷、磨蚀作用而难以堆积下来，除特殊情况外，绝大部分粗大颗粒成分均为硬质岩石，这些粗大硬质岩石颗粒其本身的力学参数都很高，故造成砂质土力学参数差异的主要因素是土体的物性状态，即密实度和颗粒级配情况。而颗粒级配即粗粒、细粒相对含量又体现在密实度的变化上，因此粒径接近的砂质土体力学参数的高低，主要取决于密实度的大小。鉴于砂质土的承载力随密实度的变化而变化，密实度在现场测试比较困难，大多由动探试验确定，通过收集砂质土的动探击数（$N_{63.5}$）与其孔隙比（e）资料，建立二者之间的相关关系，确定其相关方程。砂质土体压缩模量或变形模量的获得，大多数是依据荷载试验，但荷载试验外界条件及代表性等有限制，故在岩土勘察中常利用动探资料来间接评价。通过收集动探击数与由荷载试验求得的压缩模量或变形模量资料进行相关分析，建立压缩模量或变形模量与动探击数（$N_{63.5}$）之间的相关关系，确定其相关方程。结合孔隙比与干密度之间的关系式，即可获得它们与干密度之间的相关关系式。砂质土的力学指标与其物性指标密切相关：级配良好的砂质土，其内摩擦角随密实度的增大而增大；级配不连续的土，内摩擦角除与密实度关系密切外，细粒含量对土体的内摩擦角也有影响。级配良好的砂质土，由于粒间接触多，比均匀土颗粒之间的咬合作用强，其内摩擦角比均匀土大，且其内摩擦角随密实度的增大而增大；级配不连续的砂质土，除密实度外，粗粒含量对土体的内摩擦角也有影响。荷尔兹和艾利斯对黏土质砂砾石或河床砂砾石三轴试验结果得出：当粗粒含量在 65% 范围内时，摩擦角系数随粗粒（>5 mm）含量增加而增大，超过 65% 则有下降趋势。国内的大量研究亦表明：当粗粒含量在 60%～70% 范围内时，其内摩擦角最大。这是因为当粗粒含量达 60%～70% 时，土体级配最优，其干密度较大；当粗粒含量偏高时，虽然土体骨架颗粒坚固，但骨架间的孔隙因细粒含量低而得不到足够的充填，致使土体的密实度降低，颗粒间接触面积减少而土的抗剪强度降低。反之当土体内细粒含量偏高时，土体缺乏足够坚固的骨架结构，也不可能出现较高的抗剪强度。已有研究表明，当粗粒含量小于 30% 时其强度由细粒填料控制[114-118]。

2. 根据工程岩体分级选择岩体力学参数的研究

现行的《公路隧道设计规范》（JTG D70—2004）及《铁路隧道设计规范》（TB 10003—2005 J 449—2005）中都提供了推荐的各级围岩的物理力学指标标准值，在数值大小上，两种规范基本相同。同时，都注明了该表中的数值不包括黄土地层，但没有注明土质围岩与岩质围岩的差别[1, 119]。

谭忠盛、高波等[120]（1999）认为：在结构可靠度分析中，对隧道围岩抗剪强度指标的统计特征还没有进行太多的研究，一般还都是以经验假设为主。而在分析基于连续介质模型隧道的可靠度或分析隧道洞门可靠度时，围岩黏聚力 C、内摩擦系数 $\tan\varphi$ 的概率统计特征的获得是至关重要的。为此，作者从水工及铁路隧道工程的试验资料中收集了围岩抗剪强度指标 C、$\tan\varphi$ 值共 265 组，并根据铁路隧道围岩 6 级分类标准，进行整理、分类及统计分析，所得成果可为隧道结构可靠度分析提供必要的统计数据。

在岩石力学分析中，由于计算机技术的应用，数值方法取得了很大的进步。由于数值方法所得结论的可靠性很大程度上依赖于岩体力学参数的选取，不同力学参数的选取将会造成不同的计算结果。不当的力学参数还会对工程实践起误导作用。因此，如何选择节理岩体的力学模型，是一个值得研究的问题。然而，由于岩体材料的复杂性，目前在力学参数选取方面还存在不少问题[121]。现场原位试验得来的参数固然准确可靠，但试验代价却很昂贵，能做试验的只能是一些相当重要的大型工程。因此，对于一般的岩体工程来说，往往是在室内岩块试验的基础上，通过折减的办法来估计岩体的力学参数。但这种方式主观性比较强，选择的随意性大，缺乏客观的依据。由于岩体的力学参数受到岩块的力学性质、结构面的分布情况、结构面的性质及地下水作用等因素的影响，因此，采用岩体工程质量分级法对岩体力学参数进行选择，无疑是一种比较实用的方法。其中，RMR 岩体分级法提供了计算岩体力学参数的公式，而《工程岩体分级标准》所提供的分级法则提供了不同工程质量级别下岩体力学参数的参考值。两者都可用以指导工程实践[121]。

Bieniawski 所提出的岩体地质力学分级方法在岩体工程中得到了广泛的应用。该分级方法认为，影响岩体工程质量的因素有岩块的单轴抗压强度、钻孔岩芯质量 RQD、节理间距、节理走向及倾角、节理条件以及地下水等因素。由于该法考虑的因素比较全面，因此，该方法提出的力学参数估算公式在岩体工程中得到了较广泛的应用。其建议的变形模量 E_m 计算公式为[122]：

$$E_m = 2RMR - 100 \quad \text{(GPa)} \tag{1.1}$$

由于式（1.1）对 RMR 值小于 50 的情况不能计算 E_m 值，因此，Serafim 与 Pereira 按 RMR 系统提出了另一个公式，扩大了式（1.1）的应用领域，使之可以用于整个 RMR 值范围：

$$E_m = 10^{\frac{RMR-10}{40}} \quad \text{(GPa)} \tag{1.2}$$

Nicholson 与 Bieniawski 在实验室实验及 RMR 值的基础上，又提出了一个由岩块的弹性模量 E_{int} 计算岩体弹性模量 E_{rm} 的公式：

$$E_{rm} = \left[0.002\,8RMR^2 + 0.9\exp\left(\frac{RMR}{22.82}\right) \right] E_{int} \tag{1.3}$$

从以上公式可以看出，在得出 RMR 值之后，由地质力学分级结果得出岩体的力学参数是很方便的。

文献[121]对比分析了 RMR 法与 BQ 法两种方法在选择岩体力学参数中的应用，认为两种方法所得出的结果基本一致。

1.2.2 砂质土围岩分级方法研究现状

从调研的情况来看，评价土质隧道围岩稳定性的角度有两种：一种是评定隧道开挖后的洞身稳定性的；另一种是以评价隧道开挖后的掌子面稳定性为出发点的。

1. 以洞身稳定性为基准的分级方法

俄国的普氏[99]（1906）认为散体介质具有拱效应的力学形态，利用能反映土体坚固性的普氏系数（或称坚固系数）f 值的大小，将土质围岩分在自稳性较差的几个级别中。f 值分级法是以岩石的综合物性指标为基础的。但从确定 f 值的主要方法看，即 $f_{岩石}=(1/10)R_c$（R_c 为岩石单轴饱和抗压强度，单位 MPa），f 值仍然是岩石强度指标的一个反映。因而这种分级法，实质上是以岩石强度为基础的。普氏将围岩共分为 10 级，其中土质围岩分布于 VI 级以上。

法国隧道协会（AFTES）[99]（1979）年提出的围岩分级方法也是以此为基础的，将围岩分为 10 级并提出了相应的支护结构的建议。但围岩分级 f 值略有不同，并提出围岩分级的适应范围：开挖断面尺寸（高度或宽度或直径）小于 10 m；传统工法及深埋在净空断面的平均直径以上到 1 000 m 以下。同时，附有附加基准，如围岩变质状态、节理、地下水状态等的修正。

太沙基[42, 123]（1946）用土体在隧道开挖中所形成的压力拱高度 H_P 进行了分级。此方法把围岩分为 9 类。每类围岩都有一个相应的地压值范围。分类是以有水条件为基础的，当确认无水时，4～7 类围岩的地压值应降低 50%。应该指出，该方法在定性描述上是比较概括的，缺少定量的描述，而且给定的地压值在多数情况下是偏高的。

斯梯尼（1950 年）和比尔鲍美（本德（Bendel），1948）也进行了类似的土质围岩分级[42]。太沙基（1966）和斯梯尼（1950 年）提出围岩荷载与隧道开挖尺寸之间具有线性关系，特别是隧道直径在 5 m 左右时。比尔鲍美（本德（Bendel），1948）没有指出隧道开挖尺寸与围岩荷载之间的关系，但如果考虑隧道直径在 5 m 左右时，它们之间的关系是一致的[42]。

太沙基（1948）和劳佛尔（1958 年）利用围岩的站立时间对土质围岩进行了分级，给出了蠕动土和离析土的分类[42, 124]，见表 1.1。

腊布希威兹（1957 年）根据围岩中使用锚杆的有效程度对土质围岩做了相应的分级，将土质围岩分为砂和砾石、膨胀性土及淤泥、黏土等类别[42]。

表 1.1　土质围岩稳定站立时间

土　类	站立时间/min
蠕动土	0
黏性蠕动土	7
快速离析土	7～100
慢速离析土	100～1 800
稳固土	>1 800

我国 1949 年前采用的坚石、次坚石、软石的分级方法，就是以围岩单轴极限抗压强度为代表的，此外还引进了围岩的平均重度[99]。具体分级见表 1.2。

表 1.2 岩土分级表

分 类	岩石极限抗压强度/MPa	岩石平均重度 /（kN/m³）
松软土	—	—
普通土	—	15.0～19.0
硬 土	—	17.5～19.0
软 石	< 20	19.5～22.0
次坚石	40～100	27.0～29.0
坚 石	100～160	27.0～32.0
特坚石	160～250	28.0～33.0

我国铁路隧道，1960 年左右在 f 值的基础上，考虑了围岩的地质特征（风化、破碎、裂隙等）提出的岩体坚固性分级法，列于表 1.3。在这里我们引进了岩体的概念，这是对地下工程与地质条件的正确认识的一个反映。

前面已指出，$f_{岩体}$ 实质上是把 $f_{岩石}$ 作适当地降低。降低的幅度，则视围岩的地质条件而定。表 1.3 主要考虑的地质因素是岩性（软、硬）、风化程度、松散破碎程度等，但都缺少定量的描述[99]。

表 1.3 铁路隧道采用的岩体坚固系数 $f_{岩体}$

$f_{岩体}$	围岩地质特征	岩层名称	天然重度 γ /（kN/m³）	内摩擦角 φ /°
≥15	坚硬、密实、稳固无裂隙和未风化的岩层	很坚硬的花岗岩和石英岩，最坚固的砂岩和石灰岩等	26～30	—
≥8	坚硬、密实、稳固岩层，有很小裂缝	坚硬的石灰岩和砂岩，大理岩，白云岩，黄铁矿，不坚硬的花岗石	25	80
6	相当坚硬的较密实的稍有风化的岩层	普通砂岩、铁矿	24～25	75
5	较坚硬的较密实的稍有风化的岩层	砂质片岩，片岩状砂岩	24～25	72.5
4	较坚硬的岩层，可能沿着层面和沿着节理脱落，已受风化的岩层	坚硬的黏板岩，不坚硬的石灰岩和砂岩，软砾岩	25～28	70
3	中等坚硬的岩层	不坚硬的片岩，密实泥灰岩，坚硬胶结的黏土	25	70
2	较软岩石	软片岩，软石灰岩，冻结土，普通泥灰岩，破碎砂岩，胶结卵石	24	65
1.5	软或破碎的地层	碎石土壤，破碎片石，硬化黏土，硬煤，黏结的卵石和碎石	18～20	60
1.0	软的或破碎的地层	密实黏土，坚硬的冲积土，黏土质土壤，掺砂土，普通煤	18	45
0.6	颗粒状的和松软地层	湿砂，黏砂土，种植土，泥炭，软砂黏土	15～16	30

考虑到岩体的结构形态、岩块的大小以及结构面的特征，铁路隧道围岩分级采用的岩体构造特征及其分级中，对土体的分级及其评价见表 1.4[99]。

表 1.4　土体类型及其状态

类　型	土体状态		工程地质评价
	黏性土	非黏性土	
硬土类	略具有压密或成岩作用的黏性土，老黄土	略具压密或成岩作用的非黏性土，泥质胶结的碎、卵石土，大块石或大漂石土	结构密实，具有一定的结构强度，小跨度时土体稳定
普通土类	一般第四纪成因的可塑的黏性土，新黄土	一般第四纪成因的稍湿至潮湿的非黏性土，包括一般碎、卵、砾石土	结构中等密实，结构强度较小，土体不够稳定
松软土类	软塑状黏性土	潮湿的粉细砂	易蠕动、液化，土体稳定性最差

当围岩为土体时，其分级方法应当与岩石工程方法不同。但是，目前国内外尚缺乏较完善的土体稳定性的围岩分级方法，一般土体按其组成成分、颗粒大小等进行分类，影响土体稳定性的因素除上述因素外，土体的结构、密实度、固结状态、含水量等也是影响的重要因素。鉴于我们对土体围岩分级未做更多的试验研究工作，故《公路隧道设计规范》（JTG D70—2004）参照现行铁路隧道围岩分级方法，将土体划分为三级，即 IV 级、V 级、VI 级，分级情况见表 1.5 所示[1]。

表 1.5　公路隧道围岩分级

围岩级别	围岩或土体主要定性特征	围岩基本质量指标 BQ 或修正的围岩基本质量指标（BQ）
IV	坚硬岩，岩体破碎，碎裂结构； 较坚硬岩，岩体较破碎至破碎，镶嵌碎裂结构； 较软岩或软硬岩互层，且以软岩为主，岩体较完整至较破碎，中薄层状结构	350～251
IV	土体：1. 压密或成岩作用的黏性土及砂性土； 2. 黄土（Q_1，Q_2）； 3. 一般钙质、铁质胶结的碎石土、卵石土、大块石土	
V	较软岩，岩体破碎； 软岩，岩体较破碎至破碎； 极破碎的各类岩体，碎、裂状，松散结构	≤250
V	一般第四系的半干硬至硬塑的黏性土及稍湿的碎石土，卵石土、圆砾、角砾岩及黄土（Q_3，Q_4）。非黏性土呈松散结构，黏性土及黄土呈松软结构	
VI	软塑状黏性土，潮湿、饱和粉细砂层，软土等	

注：本表不适用于特殊条件的围岩分级，如膨胀性围岩、多年冻土等。

上述国外有关土质围岩分级都没有考虑土质围岩的本身特性，采用和岩质围岩相同的指标与方法来进行土质围岩分级。但众所周知，土质围岩和岩质围岩在开挖自稳性方面表现的特性是不完全相同的，因此，两者的分级指标和方法也应不同。

2. 以隧道掌子面稳定性为评价基准的情况

隧道开挖是基于事前的围岩情报进行设计的，实际上最早在掘进中开始能够认识围岩真实情况的，就是掌子面。掌子面是唯一的情报源。

日本[125]（1998）对高速公路隧道施工中的掌子面不稳定性进行了整理，共有 9 000 个断面的数据。其中掌子面状况按掌子面稳定、掉块、崩塌、挤出等进行划分，并按三个指标进行整理：崩塌、掉块、稳定的频率；崩塌的形态及崩塌规模；围岩级别与崩塌高度。根据对掌子面崩塌的调研及分析，掌子面崩塌典型状况整理如表 1.6 所示。

表 1.6　典型掌子面崩塌状况

围岩	崩塌形态	状况和原因	崩塌形态	状况和原因
土砂	砂层／砂随地下水流出／不透水层（黏性土层）	下部黏土层是不透水层，上部滞留的地下水流出	风管／干燥砂的崩落／用井点降低的水位	因排水和通风使砂层干燥，丧失黏聚力而崩落

从整理的情况看，在砂层围岩中，多发生比较小规模至中等规模的崩塌。如果没有涌水，崩塌规模都是比较小的；在没有涌水的砂砾层中掌子面一般是自稳的，但拱顶部分也会发生比较小的崩塌。进行掌子面稳定性评价时，应掌握必要的掌子面情报（指标），来评价掌子面不稳定的因素。表 1.7 是每个不稳定因素的评价方法和用以评价的指标。

表 1.7　稳定性评价方法和评价需要的指标

不稳定因素	围岩种类	评价方法	主要指标
因涌水压、似黏结力降低引起的流出、崩塌	土砂围岩、未固结围岩	均质系数、细粒含量（流动化指标）	粒度组成、含水比、相对密实度；单位体积重量；透水系数、涌水压
因围岩强度不足引起的变形崩塌	土砂围岩	Schofield 方法、土研方法	单位体积重量；黏结力、内摩擦角
	未固结围岩	似弹性系数	净空位移值

现说明表 1.7 中列出的评价方法。

1）采用相对密实度、细粒含量的方法

砂质土的掌子面稳定性评价，根据施工事例、模型试验以及数值解析主要按地下水浸透力的作用对掌子面的影响进行研究。对隧道掌子面自稳性的评价，主要是根据隧道施工实际的划分方法进行的，其中提炼出有代表性的划分指标。决定坑道周边围岩稳定性的决定性因素和指标如图 1.1 所示。

为了进行隧道掌子面自稳性的定量评定，要求出各种砂质土的限界动水坡度，而后与量测或解析得到的作用自掌子面的地下水浸透力比较，来判定流出的有无。但是这样的评价目

前还很困难。因此根据前述的浸透崩坏特性曲线了解限界动水坡度和线形的关系，并结合调查阶段的原位试验和土质试验求出的相对密实度和细粒含量作为指标。作为现场判断砂质土围岩的掌子面自稳性的指标采用了相对密实度和细粒含量。当相对密实度大于 80%、细粒含量大于 10% 时，掌子面就是稳定的；不符合时，就有流出的可能。

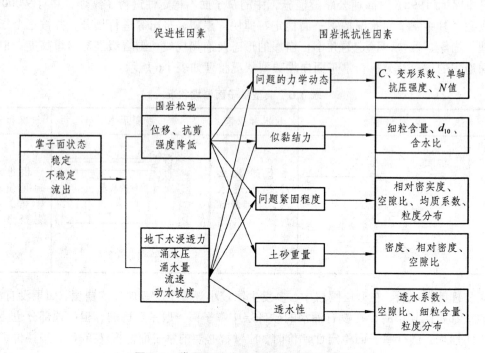

图 1.1　掌子面稳定性决定性因素和指标

2）Schofield 方法

对内摩擦角等于 0 的围岩的掌子面的稳定，采用荷载系数（N）作为评价指标。N 的表达式如下：

$$N = \frac{\gamma(h+R) - P_a}{C_u} \tag{1.4}$$

式中　γ——单位体积质量（t/m³）；

　　　h——埋深（m）；

　　　R——隧道半径（m）；

　　　P_a——内压力（t/m²）；

　　　C_u——黏结力（t/m²）。

此式实质上是埋深压力（γh）与非排水的黏结力的比值。如果此值小于标准值 N_c，掌子面就是稳定的。对于 N_c 值，Brom 等建议采取 6～7，Peck 建议采用 5～7。

但是，这是按图 1.2 的 $d=0$ 假定的，即支护是在开挖后立即实施的，因此，Schofield 又提出考虑支护滞后修筑的情况，如图 1.3 所示。

Egger 考虑支护滞后修筑时，建议 N_c 采用 3～4，不滞后时采用 5～8。

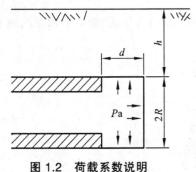

图 1.2 荷载系数说明

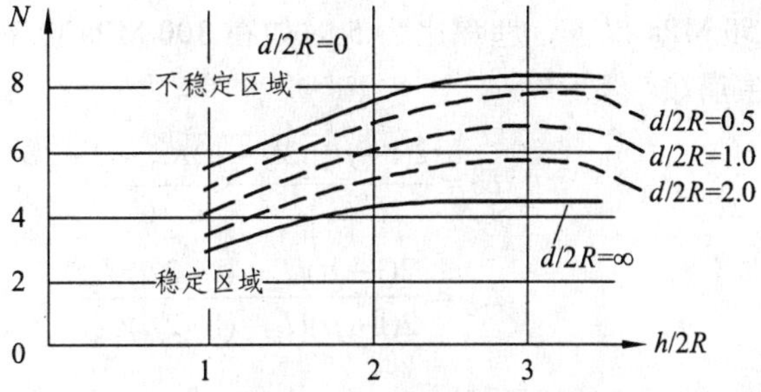

图 1.3 考虑支护滞后的情况

3）土研的方法

对没有涌水的均质的土砂围岩掌子面的稳定性，进行了离心试验和二维、三维的解析，获得以下结果：

（1）掌子面稳定需要的断层的黏结力 C，受到隧道直径 D 的影响，隧道直径越大，掌子面稳定所需的黏结力也越大。另外，埋深比大于 1 的场合，埋深比对隧道稳定性的影响比较小。

（2）根据模型试验，没有涌水的场合，可用无量纲的 $C/\gamma D$ 作为评价掌子面稳定性的一个指标。如 $C/\gamma D$ 大于 $0.13 \sim 0.16$，掌子面就是稳定的。但因 $C/\gamma D$ 会受到内摩擦角的影响，因此，用于内摩擦角小的围岩是偏于安全的，采用按图 1.4 求出的值比较合适。

（3）根据二维解析的结果，与三维解析结果比较，掌子面稳定需要的 $C/\gamma D$ 值，后者一般比前者小 $15\% \sim 20\%$，与采用松弛荷载时的松弛宽度 $0.7D$ 的试验值接近。

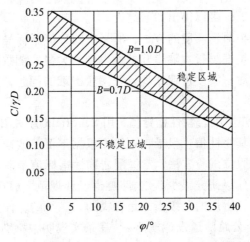

图 1.4 内摩擦角和掌子面稳定的 $C/\gamma D$ 的关系

稳定性指标采用 $C/\gamma D$。稳定和不稳定的分界大致为 $0.25 \sim 0.3$。比此值大，稳定；小则不稳定。因此，对埋深比比较小的土砂围岩，$C/\gamma D$ 指标是比较有效的。

4）似弹性系数的方法

此方法是从隧道量测的位移反算围岩似弹性系数，与实际工程施工情况进行对比，评价掌子面稳定性的方法。用公式（1.5）、（1.6）计算处理的似弹性系数 E'，在埋深比为 1 时如在 50 MPa 以下，埋深比为 5 时如在 300 MPa 以下，从工程实际看，几乎都是不稳定的或者发生崩塌。

$$E' = \frac{2(1+\mu)\left[2(1-\mu)K_O - (1-2\mu)\right]\gamma H(D/2)}{U_a} \tag{1.5}$$

$$K_O = \frac{2(1-\mu)U_a + (1-2\mu)U_b}{2(1-\mu)U_b + (1-2\mu)U_a} \tag{1.6}$$

式中 K_O——侧压系数；

γH ——埋深荷载（kg/cm^2）；

μ ——泊松比；

D——隧道直径（cm）；

U_a——隧道侧壁位移（cm）；

U_b——隧道高度位移（cm）。

式中的 U_a、U_b 是按假定包括先行位移的总位移的 50%，因此用 2 倍的值计算量测值。

这是基于量测结果的评价方法，但事前要有一个大致的标准，就有可能根据隧道大小、埋深及围岩的物性，进行评价。但在埋深比小于 1 的非常浅的隧道，只采用似弹性系数评价掌子面稳定性是危险的。

1.2.3 小 结

根据对调研资料的分析，可以得出如下结论：

（1）采用细粒含量和相对密实度的方法，所采用的分级指标是定量的，也易为工程人员理解和应用。但这种方法是根据日本隧道开挖所得到的大量实测数据，通过数理统计方法得出的，另外有的指标如相对密实度也存在现场采集较困难的问题，所以能否直接用于我国还有待考察和研究。

（2）对土砂围岩如果知道围岩物性指标值，用 Schofield 方法和土研方法，可以对掌子面稳定性做出判断，但取得其物性值也很难，不得不根据下沉值或净空位移值反推物性值。因此，建立一个简单的现场原位试验方法，掌握围岩物性指标值是非常必要的。

（3）国内对土质围岩分级研究很少，《公路隧道设计规范》（JTG D70—2004）虽对土质围岩分级做了一些规定，但所用的分级指标是含糊的、笼统的，而且多是描述性的语言，实际应用比较困难。因此，《公路隧道设计规范》[1]在条文说明中特别强调"在今后实践中，应对土体分级进行专门研究，提出定性与定量相结合的土体围岩分级"。

1.3 砂质土围岩分级研究的薄弱环节及存在的问题

综上所述，砂质土围岩分级方法存在以下问题：

（1）大多数围岩分级方法中，土质围岩所采用的分级指标与岩质围岩是相同的，从而不能全面反映土质围岩力学形态。

（2）所有分级方法所采用的分级指标没有和围岩力学指标建立明确的关系，只是从某一角度如掌子面稳定性出发，因而分级方法不具有全面性。

（3）我国土质围岩分级方法还没有定量化，从而人为因素所占比重较大，使用时不方便。

（4）没有将土质围岩物理力学指标值单独列出，缺乏明确的评价砂质土围岩力学参数的方法。

（5）日本在土质围岩分级中提出了较明确的指标，具有代表性的是"国铁"的土砂围岩分级标准，把土质围岩分为两种类型，即黏质土和砂质土围岩，而砂质土又包括砂土和砾石土（相当于我国的碎石土）。砂质土及碎石土围岩以评价掌子面自稳性为条件，主要以相对密实度和细粒含量为指标。可见，日本在砂土质围岩分级研究中已经做了比较深入的工作。但此种分级方法是以掌子面稳定性为基点的，缺乏分级指标与围岩力学参数之间的明确对应，在进行支护设计时只能依靠经验的方法来确定，这是此方法的缺陷之处。

1.4　本书研究的主要内容

本书主要是研究属于散粒体土质的砂质土隧道围岩的分级方法及体系。

为建立一个完善的砂质土围岩分级体系，研究内容包括：

（1）砂质土围岩分级指标体系研究；

（2）砂质土围岩力学性能研究；

（3）砂质土围岩自稳性研究；

（4）砂质土围岩分级方法研究；

（5）砂质土围岩物理力学指标研究；

（6）砂质土围岩分级方法验证；

（7）砂质土围岩隧道设计参数研究。

拟解决的关键问题是：

（1）砂质土围岩分级指标的确定；

（2）分级指标与砂质土围岩物理力学参数的关系；

（3）评价砂质土围岩物理力学指标的方法；

（4）砂质土围岩分级标准的建立。

本书的研究目标是用恰当的分级指标对砂质土围岩进行稳定性分级，并提出对应的隧道设计参数。

1.5　本书研究的技术路线与主要研究方法

本项目根据研究内容，采取了样本采集、土工试件试验、模型试验、数值试验、理论研究、工程检验等研究手段进行研究。

1.5.1 技术路线

通过对国内外有关砂质土围岩稳定性研究的资料调研，总结砂质土围岩受开挖影响的力学机理及影响因素。以此为据，提出自稳性分级所用的指标。通过小试件的各种土工试验来分析所提出的指标对围岩力学形态上的影响的规律。以能综合反映砂质土围岩自稳性的指标"砂质土围岩基本质量指标 *SBQ*"为判定基准，根据 *SBQ* 与各分级指标的关系，定出大致的分级界限，初步划分出砂质土围岩自稳性级别。通过选取合适的相似材料进行对应组别围岩开挖自稳性的相似模拟实验，从而可以进一步分析其开挖的力学机理和形态，并同时验证和修改所划分的围岩级别。根据制定的统一的围岩分级理论标准，将砂质土围岩自稳性研究结果与理论标准对照，得出砂质土围岩自稳性级别。最后的工作是进行分级的验证和修改。

本书主要技术路线如下：

（1）现场或调研资料样本采集，获取研究的基础数据。

（2）通过对现场或调研资料样本分析，研究影响砂质土围岩分级的关键因素，确定砂质土围岩分级指标体系。根据建立的砂质土围岩分级指标体系，研究围岩分级指标体系中各指标值的获取方法。

（3）根据各分级指标对砂质土围岩力学性能的影响规律研究，给出各指标的分段及取值范围，进行分级指标值的组合。

（4）根据砂质土围岩分级指标体系中各种指标值的组合，以能综合反映砂质土围岩自稳性的指标"砂质土围岩基本质量指标 *SBQ*"为判定基准，根据 *SBQ* 与各分级指标的关系，定出大致的分级界限，初步划分出砂质土围岩自稳性级别。对各级围岩的自稳性进行了分组。

（5）通过理论分析、数值模拟及相似模型实验验证，得到了砂质土围岩各组别的自稳性。

（6）根据各种围岩的长期稳定跨度、基本稳定跨度、暂时稳定跨度、不稳定跨度，确定围岩的理论分级标准，根据这一标准，并结合围岩分级指标体系以及指标值（定性值和定量值）的不同，最终确定围岩实用分级标准，即定性组合标准和定量综合标准。本书对围岩两层分级标准都进行了细致研究。

（7）根据砂质土围岩分级指标体系，对围岩分级方法进行了研究，建立了砂质土围岩定性组合分级方法和定量综合分级方法。

（8）本书通过大量土工试验，对砂质土围岩物理力学指标进行了研究。根据砂质土围岩分级结果，对各级围岩物理力学指标进行了研究，给出了各级围岩的物理力学指标值。

（9）通过工程验证，检验了"砂质土围岩分级方法"的正确性。

（10）根据砂质土围岩分级标准，通过理论分析及大量样本统计和数值分析，对双车道砂质土公路隧道设计参数进行了研究，给出了双车道砂质土公路隧道的设计参数。

1.5.2 研究方法

1. 土工试件试验

本次进行了大量的土工试验。试验仪器包括样品制备装置、直接剪切仪、击实仪、比重瓶、联合密度仪、电子秤、分析天平、环刀、透水石、纯酒精、盆子、桶等。试验按照《土工试验方法标准》（GB/T 50123—1999）操作。主要进行了直接剪切试验、固结压缩试验等。

砂质土分级指标为密实程度、细粒含量及细粒含水量，采用三因素全组合土工试验。共进行了 343 组试验，其中直剪试验 225 组，固结压缩试验 118 组。具体试验系列见第 3 章。

2. 模型试验

为了验证围岩自稳性，通过相似常数的选取、相似材料的确定等进行了相似模型试验，具体内容见第 5 章。

3. 数值试验

本次进行了围岩自稳性数值试验、隧道设计参数数值试验。

围岩自稳性数值试验：采用有限差分法，具体内容见第 5 章。

双车道砂质土公路隧道设计参数数值试验：本次对砂质土围岩的各级支护结构参数进行了数值试验，验证了各级围岩设计参数，具体内容见第 9 章。

4. 理论研究

在砂质土围岩基本质量指标 *SBQ* 研究中（内容见第 4 章），应用了相关性分析、聚类分析等理论方法进行研究。

5. 工程验证

验证样本：本次共获得砂质土围岩定性组合分级方法验证样本 27 个，定量综合分级方法验证样本 16 个，具体情况见第 8 章内容。

第2章
砂质土围岩分级指标体系研究

围岩分级主要是根据围岩自稳性来确定的，围岩自稳性可以通过一系列围岩参数组合来反映，即围岩可以被抽象为一系列围岩参数的组合。要全面精细地反映围岩自稳性，往往需要很多围岩参数，这些围岩参数，一些是主要的，另一些是次要的，能反映围岩自稳性的主要参数就定义为围岩分级指标体系。在围岩分级指标体系中，不同的指标值组合能代表不同的围岩。所有指标值组合能代表所有围岩，即围岩完全可以用围岩分级指标体系来表达。

在围岩分级指标体系中，与围岩所处条件无关的指标称为基本指标，与围岩所处条件有关的指标称为修正指标，不经常使用的指标称为辅助指标。

围岩包括岩质围岩和土质围岩，由于这两类围岩在地质结构及力学形态上存在很大的差别，所以在进行围岩分级时，所采用的分级指标及体系都应分开来研究。

本章所介绍的研究方法是以上理论为基础的。

土质围岩按土的工程地质定义，又包括很多情况。如《岩土工程勘察规范》（GB 50021—2001）中根据颗粒粒径及塑性指数将土分为碎石土、砂质土、粉土及黏性土等，可见土质围岩所包含的范畴很广，并且许多破碎软弱围岩和土质围岩在隧道围岩稳定性方面的力学形态和破坏机理相同，都能划归于土质围岩范畴。而在土质围岩中，又根据力学形态上的差异，可分为两大类：一类是呈松散介质力学形态的散粒土质围岩，包括碎石土和砂质土围岩；而另一类是塑性变形较大的黏质土围岩。这两种类型的土质隧道由于力学形态上的差别，应分开来研究。

砂质土在现有的《岩土工程勘察规范》（GB 50021—2001）中已给出判别依据，即：粒径大于 2 mm 的颗粒含量不超过总质量的 50% 且粒径大于 0.075 mm 的细粒含量超过总质量 50% 的土。

为便于工程应用，本次研究将该种土质围岩定名为砂质土围岩。

　　本章研究是在其基础上进行的，即在明确了砂质土的判别基础上进行的分级指标体系研究。即本章的目标就是建立砂质土围岩分级指标体系。

　　在明确了分级指标体系的基础上，根据现行规范及有关研究成果，给出了分级指标的获取方法。

2.1　砂质土围岩分级指标的选取

　　散粒状土体强度指标的影响因素，有研究认为主要与颗粒级配、干密度、细观结构、矿物成分、应力历史及含水量有关。但由于土各性能指标之间关系的高度非线性，土的一些作用机理仍然不够清楚，现有的一些公式、模型很难精确地与实际情况相符合。例如，在确定非饱和土抗剪强度的过程中，因试验参数难以确定和吸力的量测费时费力，不易得到精确的土水特征曲线；同时，因内摩擦角 φ 测量的困难，致使计算的抗剪强度与实际相差甚远。鉴于上述原因，有必要寻求一些新的更简洁的方法来预测非饱和土的抗剪强度[126]。从目前的采用物性指标来预测或评定土的力学参数的研究资料来看，大多是采用了含水量、细料（细粒）含量及干密度（或密实程度）这三个因素来评定[100, 126-146]。说明尽管影响散粒状土体强度指标的因素很多，但对于围岩分级来说，也要考虑到分级指标的适用性。

　　对现有的砂质土围岩资料进行整理，将评定砂质土围岩力学性质所采用的物性指标列于表 2.1。

表 2.1　评定砂质土围岩力学性质所采用的物性指标汇总

序号	调研资料	评定土体力学性质所采用的物性指标				
		密实程度	细粒含量	含水量	颗粒级配	矿物成分
1	文献[126]	√		√		
2	文献[127]			√		
3	文献[128]	√	√	√		
4	文献[129]			√		
5	文献[130]			√		
6	文献[131]		√			
7	文献[132]		√	√		
8	文献[133]		√			
9	文献[134]		√	√		
10	文献[135]	√	√			
11	文献[136]		√	√		
12	文献[137]		√	√		
13	文献[138]		√	√		
14	文献[139]	√	√	√		
15	文献[140]	√	√			

续表 2.1

序号	调研资料	评定土体力学性质所采用的物性指标				
		密实程度	细粒含量	含水量	颗粒级配	矿物成分
16	文献[141]	√	√	√		
17	文献[142]		√			
18	文献[100]	√				
19	文献[143]	√	√	√	√	
20	文献[144]		√		√	√
21	文献[145]	√		√		
22	文献[146]	√				
指标采用率/%		45.5	68.2	77.3	9.1	5.0

对表 2.1 中 22 项砂质土围岩资料进行整理，可以看出：在目前砂质土围岩力学参数研究中，物性指标主要采用密实程度、细粒含量、含水量、颗粒级配、矿物成分等。对这些指标的采用率进行统计，结果见图 2.1。

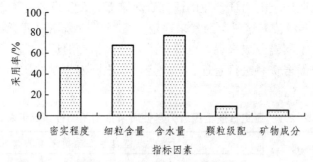

图 2.1　主要指标采用率统计

由图 2.1 可见：密实程度、细粒含量及含水量是三个主要指标，采用率分别达到 45.5%、68.2%、77.3%，其他指标采用率较低。

对于颗粒级配这个因素，通常可能认为，对同一种土料，密度相同、级配良好（GW）的土样，φ 值应比级配不良（GP）土样的大一些，但一些实践及研究证明却不尽然，而是认为 φ 角最优值的出现与土样颗粒级配良否无明显关系，即使级配良好的土样，φ 角最优值的出现仍受细粒（料）含量适度这一关键性条件所制约[242-244]。也有研究认为，造成砂砾石力学参数差异的主要因素是土体的物性状态，即密实度和颗粒级配情况。而颗粒级配即粗粒、细粒相对含量又体现在密实度的变化上，因此粒径接近的砂砾石土体力学参数的高低，主要取决于密实度的大小[113]。

从以上分析可以看出，当用物性指标来评定或预测散粒状土体的力学指标时，大多是用密实程度、细料（细粒）含量及含水量这三个指标，而颗粒级配因素的影响可包含于密实程度与细粒含量因素之中。在研究砂质土隧道围岩稳定性时，稳定性必和力学指标有密切联系，所以当考虑用定量指标进行围岩稳定性分级研究时，可首先从影响其力学性能的指标入手。

从砂粒土体受力破坏的形式看，其破坏主要是剪切破坏。砂粒土的抗剪强度一般用抗剪强指标 C、φ 来反映。但在现场直接测取这两个指标很困难。如果能利用较易测得的其他物性指标来评价砂质土的抗剪强度，将会是非常有意义的。通过以上的研究认为，影响砂质土抗剪强度的因素主要有密实程度、细粒含量及含水量等三个指标。

同时，砂粒土质隧道围岩的稳定性同样受抗剪强度的控制，因此，上述三个指标也是影响稳定性的主要因素。所以，采用易于现场量测并较易保证其准确性的物性指标作为砂粒土质隧道围岩分级的指标是可行的。

综合目前对砂质土力学性能的研究成果，本研究拟采用三个与砂质土力学性能密切相关的指标：以细粒含量、密实程度及含水量作为分级基本指标，其中含水量用细粒含水量来表示。

对砂质土围岩，地下水影响作用主要表现在软化围岩、降低强度，还有可能引起砂质土围岩的涌水或泛砂等现象，并可能引起掌子面垮塌等。但在砂质土围岩中，地下水不一定总是出现的，因此，在砂质土围岩分级中，可以将地下水状态作为修正因素。

通过上面分析，对于砂质土围岩，以密实程度、细粒含量及细粒含水量作为基本分级指标，地下水状态作为分级修正指标。

下面分别说明所采用的分级指标。

2.1.1　密实程度

砂质土的紧密状态是判定其工程性质的重要指标，它综合地反映了这类土的矿物组成、粒度组成、颗粒形状等对其工程性质的影响[147]。

对砂质土密实程度的评定，在《公路工程地质勘察规范》（JTJ 064—98）及《岩土工程勘察规范》（GB 50021—2001）中规定用标准贯入试验锤击数 N 值划分，而 N 值与相对密实度 D_r 有较明确的对应关系[148, 149]，且 D_r 在室内试验中易于控制。

对砂土密实程度的评定，我国现行国家标准[149]规定：砂土的密实度应根据标准贯入试验锤击数实测值 N 划分为密实、中密、稍密和松散，并应符合表 2.2 的规定。

表 2.2　砂土密实度分类

标准贯入试验锤击数 N	密实度	标准贯入试验锤击数 N	密实度
$N \leqslant 10$	松散	$15 < N \leqslant 30$	中密
$10 < N \leqslant 15$	稍密	$N > 30$	密实

由于在室内做标准贯入试验有困难，所以试验中采用相对密实度 D_r 来代替 N 值，且 D_r 在室内试验中易于控制。砂土按相对密实度分类见表 2.3。

表 2.3　砂土按相对密实度分类

密实程度	疏松	稍密	中密	密实
相对密实度	$0 < D_r \leqslant 0.20$	$0.20 < D_r \leqslant 0.33$	$0.33 < D_r \leqslant 0.66$	$0.66 < D_r \leqslant 1$

有关规范，如工民建规范用相对密实度作为砂土的密实指标，认为将砂土压密至相对密实度 $D_r = 0.67$ 时即达到密实状态。

密实程度是反映砂土围岩整体稳定性的一个综合指标，本分级方案采用密实程度作为评定砂土围岩坑道稳定性的第一指标。但砂土密实时还不能完全说明其开挖后稳定性好，因为还与细粒含量和细粒含水量有关，要综合评定。

2.1.2　细粒含量

细粒指粒径小于 0.075 mm 的颗粒。细粒在砂质土中的作用是填充砂粒间的空隙，使砂质土更密实，砂质土中细粒含量增大，砂质土的黏聚力增大，但内摩擦角减小，所以评定砂质土围岩开挖后的稳定性时，要综合考虑细粒含量对两指标的影响，从主要指标的影响规律来考虑细粒含量。

现行《岩土工程勘察规范》（GB 50021—2001）中对砂质土的定义是：粒径大于 2 mm 的颗粒含量不超过总质量的 50% 且粒径大于 0.075 mm 的细粒含量超过总质量 50% 的土。从此定义可知，在砂质土中是有小于 0.075 mm 的细粒存在的。而细粒的存在，其含量的大小及细粒所含有的水分会影响到砂质土围岩的力学性和透水性，也是衡量砂质土围岩稳定性的重要因素。

2.1.3　细粒含水量

细粒含量对砂质土围岩力学性能的影响要与其含水状态相结合才能全面评定。

由于砂土的渗透性一般较大，砂粒本身达到吸水饱和后再不能保存多余的水分，所以砂土的含水量在很大程度上取决于细粒含量的多少。因此在评定砂土含水量时，采用了细粒含水量这一指标。

而砂质土中的细粒的软硬状态又是决定砂质土强度的主要因素，细粒土越硬，砂质土强度越高，反之就低。

以上几个砂质土围岩的物性指标也同样会影响到砂质土围岩的稳定性。如日本的国铁对砂质土围岩分级就采用了相对密实度和细粒含量这两个定量指标。

2.1.4　地下水状态

对砂质土围岩，地下水对隧道稳定性的影响主要表现在软化围岩、降低强度，还有可能引起砂质土围岩的涌水或泛砂等现象，并可能引起掌子面垮塌等。但在地下工程中，地下水并不一定出现，因此，在砂质土围岩分级中，可以将地下水状态作为修正因素。

通过上面分析，对于砂质土围岩，以细粒含量、密实程度及细粒含水量作为基本分级指标，地下水状态作为分级修正指标。

2.2　分级指标获取方法

指标值有两种表达形式，一种是定性值，一种是定量值，在实际隧道工程中，指标的定性值一般较易获得，定量值获得要相对困难一些。在围岩分级研究中，一般都会研究定量值和定性值的对应关系，有定量值即可确定定性值。但定性值一般只能获得定量值的范围，不能得到精确的定量值。

本节分别研究砂质土围岩分级指标定性和定量值获取方法。

2.2.1　密实程度

密实程度是反映土质隧道围岩紧固程度的物性值，是反映土质围岩承载力、变形或透水性等力学性能的一个综合状态指标，它对土质隧道的整体稳定性具有重要影响。

关于密实程度的评价，可采用定性指标和定量指标的评价方法。在设计和施工阶段，密实程度的定性、定量评价指标的获取方法是相同的。

1. 定性获取

密实程度的定性指标采用密实度来表示。其获取无论在设计阶段还是施工阶段主要对土体采用触摸、试挖或试钻等方法进行。综合考虑有关规范的规定[148, 149]，密实度可划分为密实、中密和松散三个档次，如表 2.4 所示。

表 2.4　砂土密实度定性鉴别

密实度	可挖性	可钻性
松散	锹可以挖掘，井壁易坍塌，从井壁取出大颗粒后，立即坍塌	钻进较易，钻杆稍有跳动，孔壁易坍塌
中密	锹镐可以挖掘，井壁有掉块现象，从井壁取出大颗粒后，能保持凹岩形状	钻进较困难，钻杆吊锤跳动不剧烈，孔壁较稳定
密实	锹镐挖掘困难，有撬棍方能松动，井壁较稳定	钻进困难，钻杆吊锤跳动剧烈，孔壁较稳定

2. 定量获取

对砂质土，密实程度的定量评价指标主要有标准贯入试验锤击数 N 和相对密实程度。下面分别介绍其获取方法。

1）标准贯入试验锤击数 N 的获取方法

采用标准贯入试验方法：

（1）试验设备：

标准贯入试验的设备主要由落锤及贯入器的对开管、管靴、钻杆等组成。

（2）试验要点：

① 与钻探配合进行，先钻到需要进行试验的土层标高以上约 15 cm，清孔后换用标准贯入器，并量得深度尺寸。

② 以每分钟 15～30 击的贯入速率将贯入器打入试验土层中，先打入 15 cm 不计击数，继续贯入土中 30 cm，记录锤击数。若砂层比较密实，贯入击数较大时，也可记录小于 30 cm 的锤击数，这时需按下式换算成贯入 30 cm 的锤击数 N：

$$N = 30n/\Delta S \tag{2.1}$$

式中 n——所选取的任意贯入量的锤击数;

  ΔS——对应锤击数 n 击的贯入量（cm）。

③ 拔出贯入器，取出贯入器中的土样进行鉴别描述。

④ 若需进行下一深度的贯入试验时，则继续钻进重复上述操作步骤。一般可每隔 1 m 进行一次试验。

⑤ 在不能保持孔壁稳定的钻孔中进行试验时，可用泥浆或套管护壁。

2）相对密实度 D_r 的获取方法

砂的相对密实度涉及砂土的最大孔隙比、最小孔隙比及天然孔隙比，砂的相对密实度试验就是进行砂的最大孔隙比（或最小干密度）试验和最小孔隙比（或最大干密度）试验，适用于粒径不大于 5 mm 且粒径 2~5 mm 的试样质量不大于试样总质量 15% 的土[150]。

关于砂最大、最小干密度测定方法及试验步骤具体可参见《公路土工试验规程》（JTJ 01—93）。

以此为基础，可通过式（2.2）求出砂土的相对密实度 D_r:

$$D_r = \frac{\rho_{d\max}(\rho_d - \rho_{d\min})}{\rho_d - (\rho_{d\max} - \rho_{d\min})} \tag{2.2}$$

式中 D_r——相对密实度;

  $\rho_{d\max}$——最大干密度;

  $\rho_{d\min}$——最小干密度;

  ρ_d——天然干密度或要求的干密度。

3）定性值与定量值的对应关系

根据我国现行国家标准《岩土工程勘察规范》（GB 50021—2001）中规定的方法，定量值与定性值之间的对应关系见表 2.5。

表 2.5　定量值与定性值之间的对应关系

定性值	定量值	
密实度	标准贯入试验锤击数 N	相对密实度 D_r
松　散	$N \leq 10$	$0 < D_r \leq 0.2$
稍　密	$10 < N \leq 15$	$0.2 < D_r \leq 0.33$
中　密	$15 < N \leq 30$	$0.33 < D_r \leq 0.67$
密　实	$N > 30$	$0.67 < D_r \leq 1.0$

2.2.2　细粒含量

细粒含量定量指标的获取无论在设计阶段还是施工阶段均可采用颗粒分析试验来进行。颗粒分析试验就是测定土中各种粒组所占该土总质量的百分数的试验方法，可分为筛析法和沉降分析法，其中沉降分析法又有密度计法（比重计法）和移液管法等。

细粒含量以定量指标的方法来评价，一般可采用筛析法来测定。

筛析法就是将土样通过各种不同孔径的筛子，并按筛子孔径的大小将颗粒加以分组，然后再称量并计算出各个粒组占总量的百分数。筛析法是测定土的颗粒组成最简单的一种试验方法，适用于粒径小于、等于 60 mm，大于 0.075 mm 的土。下面具体介绍获取方法。

1. 试验设备

不同孔径的圆孔粗筛、圆孔细筛，不同量程的天平，可上下振动、左右转动的振筛机，烘箱，量筒，漏斗等。

2. 试验步骤

先用风干法制样，然后从风干松散的土样中，按表 2.6 称取有代表性的试样，称量应准确至 0.1 g，当试样质量超过 500 g 时，称量应准确至 1 g。

表 2.6　筛析法取样质量

颗粒尺寸/mm	取样质量/g
< 2	100 ~ 300
< 10	300 ~ 1 000
< 20	1 000 ~ 2 000
< 40	2 000 ~ 4 000
< 60	4 000 以上

具体步骤如下：

（1）将按表 2.6 称取的代表性试样，置于盛有清水的容器中，用搅棒充分搅拌，使试样的粗细颗粒完全分离。

（2）将容器中的试样悬液通过 2 mm 筛，取留在筛上的试样烘至恒量，并称烘干试样质量，准确到 0.1 g。

（3）将粒径大于 2 mm 的烘干试样倒入依次叠好的粗筛的最上层筛中，进行粗筛筛析。由最大孔径的筛开始，顺序将各筛取下，称留在各级筛上及底盘内试样的质量，准确至 0.1 g。

（4）取通过 2 mm 筛下的试样悬液，用带橡皮头的研杆研磨，然后再过 0.075 mm 筛，将留在 0.075 mm 筛上的试样烘至恒量，称烘干试样质量，准确至 0.1 g。

（5）将粒径大于 0.075 mm 的烘干试样倒入依次叠好的细筛的最上层筛中，进行细筛筛析。细筛宜置于振筛机上进行振筛，振筛时间一般为 10 ~ 15 min。

（6）当粒径小于 0.075 mm 的试样质量大于试样总质量的 10% 时，应采用密度计法或移液管法测定小于 0.075 mm 的颗粒组成。

3. 成果整理

小于某粒径的试样质量占试样总质量的百分比可按式（2.3）计算：

$$X = \frac{m_A}{m_B} d_x \tag{2.3}$$

式中　X——小于某粒径的试样质量占试样总质量的百分比（%）；

　　　m_A——小于某粒径的试样质量（g）；

　　　m_B——当细筛分析时或用密度计法分析时为所取的试样质量，当粗筛分析时为试样总质量（g）；

　　　d_x——粒径小于 2 mm 的试样质量占试样总质量的百分比（%）。

2.2.3　细粒含水量

砂质土中含水量是由细粒含水量来控制的。这是因为砂质土围岩的含水量在试验时不好控制，对于含细粒多的土样，其吸水量要大一些，而细粒含量少的土样，吸水量要小一些。若给定同样的含水量，对细料多的来说可能很干，而对细粒小的量已经有自由水流出了，因此有必要对其含水量作出规定。

细粒含水量定量指标的获取无论在设计阶段还是施工阶段均主要通过室内试验获取。测试步骤如下：

（1）称量取样砂土总重 G；

（2）测出砂土细粒含量 G_1；

（3）测出砂土总含水量 W；

（4）估计砂粒（粒径大于 0.075 mm）饱和含水量 W_1；

（5）结果整理。细粒含水量 W_2 计算公式如下：

$$W_2 = W - (G - W) \times W_1 \tag{2.4}$$

上式中 W_1 一般取 5%～7%。

则细粒含水率 w_l 计算公式为：

$$w_l = \frac{W_2}{G_1} \times 100\% \tag{2.5}$$

2.2.4　地下水

1. 定性获取[119, 149]

地下水出水状态的定性描述，根据表现形式来划分，可分为干燥或湿润、偶有渗水、经常渗水几个档次。

设计初勘阶段主要通过地质调查、地表踏勘、地质测绘、物探以及配合少量的钻探方式进行获取。

施工阶段现场勘察时，主要通过对裸露岩体掌子面观察的方式进行，观测掌子面个别结构面或特定结构面组，尤其是结构面裂隙处的漏水情况，进而对地下水的出水状态进行定性的评估和划分。

2. 定量获取[119, 149]

设计阶段、施工阶段地下水的定量指标主要是出水量。

设计阶段获取定量指标的方法主要是：在定性资料的收集和进行钻孔勘探后，在钻孔中进行提水、注水、压水或抽水试验后，应用各种地下水的预测公式进行出水量的预测。

施工阶段出水量的获取主要结合超前地质预报，采用现场抽水试验方法而得。

3. 定性值与定量值的对应关系[119, 149]

由于《公路隧道设计规范》和《铁路隧道设计规范》都根据地下水的出水状态将其分为三等，具体参见表 2.7。通过两个规范对比，此次将地下水分为三个级别，定性值与定量值的对应关系见表 2.8。

表 2.7　规范中地下水出水状态的分级

级别	地下水出水状态	
	《公路隧道设计规范》规定	《铁路隧道设计规范》规定
①	潮湿或点滴状出水	干燥或湿润
②	淋雨状或涌流状出水，水压<0.1 MPa 或单位出水量<10 L/(min·m)	干燥或湿润，偶有渗水<25 L/(min·m)
③	淋雨状或涌流状出水，水压>0.1 MPa 或单位出水量>10 L/(min·m)	经常渗水 25～125 L/(min·m)

表 2.8　地下水状态定性值和定量值对应关系

定　性　值		定量值
级别	状　态	出水量/[L/(min·10 m)]
I	干燥或湿润	<10
II	偶有渗水	10～25
III	经常渗水	25～125

2.3　本章小结

本章建立了砂质土围岩分级指标体系，具体研究成果如下所述。

1. 砂质土围岩分级指标体系建立

首先进行国内外相关资料的检索，了解砂土质围岩分级的研究现状。对砂土质围岩自稳性影响因素进行分析，确定出影响砂土质围岩自稳性的所有因素。在样本量较少的情况下，应用指标采用率分析方法，确定出主要影响因素。

通过研究，砂质土围岩的基本分级指标为细粒含量、密实程度、细粒含水量，修正指标为地下水状态。

2. 围岩分级指标值表达形式

围岩分级指标值有两种表达形式，一种是定性值，一种是定量值，在实际隧道工程中，指标的定性值一般较易获得，定量值获得要相对困难一些。在围岩分级研究中，一般都会研究定量值和定性值的对应关系，有定量值即可确定定性值。但有定性值一般只能获得定量值的范围，不能得到精确的定量值。

3. 砂质土围岩分级指标定性和定量值获取方法

砂质土围岩分级采用的基本指标为密实程度、细粒含量、细粒含水量，修正指标为地下水状态，其定性值和定量值获取方法见表2.9。

表 2.9　砂质土围岩分级指标值获取方法总表

围岩分级指标				指标值获取方法	
				设计阶段	施工阶段
基本指标	密实程度	定性指标	密实度	肉眼观察，镐锹钻考察	
		定量指标	标准贯入试验锤击数 N	标准贯入试验	
			相对密实度 D_r	利用最大、最小干密度及天然密度进行计算	
	细粒含量	定量指标	细粒含量	颗粒分析试验	
	细粒含水量	定量指标	细粒含水量	颗粒分析试验、烘干法或酒精烧干法	
修正指标	地下水状态	定性指标	出水状态	地质调查、地表踏勘、地质测绘、物探、遥感信息技术，配合少量钻探测试坑探、槽探等地质勘探方法，并在孔内进行观察或测试	掌子面观察
		定量指标	出水量 /[L/(min·10 m)]	在定性资料的收集和进行钻孔勘探后，在钻孔中进行提水、注水、压水或抽水试验后，应用各种地下水的预测公式进行出水量、涌水量、水头的预测	现场试验

第3章
砂质土围岩力学性能研究

第1章的研究表明，砂质土围岩物理力学参数值由于在土样的获取、测取的手段等方面，不易在现场直接获得。而大多是用易于在勘察中得到的物性指标如密实程度、细粒含量及细粒含水量等指标来评价砂质土围岩的自稳性。用物性指标来评价砂质土围岩的力学指标，进行间接评价隧道围岩的自稳性，是目前研究的热点，也是围岩分级研究的一个趋势。通过第2章研究得到的砂质土围岩基本分级指标，就是能评定围岩力学指标的物性指标。建立物性基本分级指标与力学性能二者的关系，从而为砂质土围岩利用基本分级指标进行分级打下基础。

为此，进行了大量砂质土小试件的土工试验，研究利用砂质土物性指标如密实程度（用相对密实度反映）、细粒含量及细粒含水量三个基本分级指标来评价砂质土力学性质的规律。

3.1 土工试验设计

从砂质土受力破坏的形式来看，其破坏主要是剪切破坏。砂质土的抗剪强度一般用抗剪指标 C、φ 来反映，但在现场直接测取这两个指标很困难，如果能利用较易测得的其他物性指标来评价砂质土的抗剪强度，将会是非常有意义的。由第2章研究可知，影响砂质土抗剪强度的因素主要有密实程度、细粒含量及细粒含水量三个指标。

同时，砂质土围岩的自稳性同样受抗剪强度的控制，上述三个指标也是影响自稳性的主要因素。所以，采用易于现场量测并较易保证其准确性的三个定量指标作为砂质土围岩分组的指标，它们是：相对密实度 D_r、细粒含量 W 及细粒含水量 W_L。

为尽量降低室内压缩试验误差的影响，本次试验采用因素组合试验方法。这样做，虽然试验工作量较大，但数据较全面，在进行数据分析时，尤其是进行相关分析或回归分析时可靠性要较正交设计或均匀设计等方法高。本次试验中，测验抗剪强度指标时，采用全面组合试验方法，共有 5×9×5＝225 种组合情况；测验压缩模量 E_{1-2} 时，细粒含量 W 为 18.75%、37.85% 和 49.31%，采用全面组合方法，共有 4×9×3＝108 种组合情况，而细粒含水量 W_L 为 30.69% 和 43.29% 与细粒含量 W 为 37% 和 45% 及相对密实度 D_r 为 0.67、0.83 进行组合，有 10 种，共有 118 种组合情况。具体因素及水平见表 3.1，详细的指标值组合见附录。

表 3.1　试验组合（具体因素及水平）

分级指标		水　平								
		1	2	3	4	5	6	7	8	9
1	相对密实度 D_r	0.1	0.27	0.5	0.67	0.83				
	对应标贯 N 值	$N \leqslant 10$	$10 < N \leqslant 15$	$15 < N \leqslant 30$	$N > 30$					
	对应密实程度	松散	稍密	中密	密实					
2	细粒含量/%	2	5	10	15	20	25	30	37	45
3	细粒含水量/%	18.75	30.69	37.85	43.29	49.31				

其中 N 是根据《岩土工程勘察规范》（GB 50021—2001）中关于砂质土密实程度的划分标准进行的，但在室内 N 值不易获取，所以采用了替代指标相对密实度 D_r，通过最大、最小孔隙率及干密度 γ_d 与相对密实度 D_r 的换算关系[161]来实现。D_r 的取值是表 2.5 中关于密实程度定性划分对应范围值的中间值，分别对应于不同的密实程度（其中，"密实"对应 $D_r = 0.67$ 和 $D_r = 0.83$）。

含水量是由细粒含水量来控制的。这是因为砂质土隧道的含水量在试验时不好控制，对于含细粒多的土样，其吸水量要大一些，而细粒含量少的土样，吸水量要小一些。若给定同样的含水量，对细料多的来说可能很干，而对细料少的可能已经有自由水流出了，因此有必要对其含水量作出规定。对于砂粒来说，其吸水量很小，饱和时得到的试验结果为 6%～7%，因此为了配样方便，同时受文献[137]、[139] 的启发，以细粒土的多少来确定试样的含水量。为了防止砂粒从土中吸水而影响砂质土的含水量，配样时将砂粒的含水量取为定值，按 6% 配置。因此后面提到的含水量是指细粒的含水量，而不是整个砂质土的含水量。细粒含水量的取值是通过与评定细粒软硬程度的液性指标所对应的含水量，经过换算得到的，是细粒各软硬程度的代表值。

所用的砂粒为四川乐山夹江产地的河砂，经过筛分去除了粒径大于 2 mm 和小于 0.075 mm 的颗粒，所用砂粒的级配如表 3.2 所示。

表 3.2　试验用砂粒的级配

粒径/mm	1～2	0.5～1	0.25～0.5	0.075～0.25
级配/%	10.76	29.02	28.95	31.28

所用的细粒为峨眉黄湾黏质土，其物理特性指标如表 3.3 所示。

表 3.3　试验用细粒物理特性指标

塑限	液限	塑性指数	液性指数	含水量/%
			−0.50	18.75
			0.12	30.68
28.30	47.40	19.10	0.50	37.85
			0.78	43.30
			1.10	49.31

根据表 3.1 的试验组合，全面研究了三个物性指标（基本分级指标）对砂质土力学性质的影响规律，具体试验结果见附录。

3.2　基本分级指标对砂质土力学参数的影响

3.2.1　对砂质土围岩黏聚力的影响

根据砂质土的定义[149]可知，在砂质土中是有小于 0.075 mm 的细粒存在的，其含量的多少及细粒所含有的水分会影响到砂质土围岩的黏聚力和透水性[114]，这也是衡量砂质土围岩自稳性的重要因素。

在隧道及地下工程的设计施工中，常会遇到砂质土围岩。一般在结构计算选取参数时，土质隧道的力学参数多为黏聚力 C、内摩擦角 φ 等。而当遇到砂质土围岩选取力学指标 C 和 φ 时，由于地质勘察单位一般不提供砂质土的力学参数，尤其是 C 值，很多结构设计者在做结构设计计算时，常会取砂质土的黏聚力 $C=0$，认为砂质土无黏聚力。可见，不管是地质勘察人员，还是结构设计人员，都没有对砂质土具有黏聚力这一客观现象加以重视。在实际工程中，常会在测试砂质土的直剪试验时，出现黏聚力不为 0 的现象。这是因为一般遇到的砂质土中都会有粒径小于 0.075 mm 的细粒，而这些细粒在力学形态上是会产生黏聚力的，尤其是在砂质土含有水分时[41]，这种现象会导致计算时低估砂质土的抗剪强度 τ。有时黏聚力会占抗剪强度相当大的比例，是不容忽视的。

为说明黏聚力 C 值大小对围岩稳定性的影响程度，利用有限差分法（FLAC）模拟了在其他力学参数相同，而 C 分别为 0、10、27 kPa 时围岩开挖跨度为 5 m 时的稳定情况。计算时，埋深取 20 m，$\varphi=40°$，变形模量 $E=40$ MPa，泊松比 $\mu=0.27$，围岩重度 $\gamma=17$ kN/m^3。计算结果见表 3.4 所示。

从表 3.4 可以看出：当 C 值为 0 时，在此围岩开挖状态下已不能自稳；当 C 值不为 0 时，C 值越大，围岩变形越小，塑性区越少，说明开挖后围岩稳定情况越好。

以上分析说明，C 值对围岩的稳定性影响较大，特别是对于土质围岩，即变形模量相对较小时，围岩稳定程度对 C 值的敏感程度更大。

应该指出的是，本节所指的砂质土的这种黏聚力，没有严格区分其产生的机理[151]，这是由于砂质土围岩整体自稳性较差，在开挖后要马上进行支护，甚至是在开挖前已经预支护了，所以从机理上区分砂质土黏聚力的来源意义不大。

表 3.4　不同 C 值下的围岩稳定状态

C/kPa	拱顶最大位移/cm	隧底最大拱起/cm	位移云图	塑性区
0	—	—		
10	36	5.43		
27	3.1	4.33		

注：—指迭代计算无法进行，表明此时围岩已完全破坏。

利用人工配制的砂质土，通过改变对黏聚力有影响的三个因素——相对密实度、细粒含量及细粒含水量，做了大量的不固结不排水直剪试验，分析了砂质土围岩黏聚力的影响因素及规律，而这三个因素也是影响砂质土围岩自稳性的重要因素，如日本铁路隧道砂质土围岩分级方法中，就采用了相对密实度和细粒含量这两个指标[99]。

1. 相关性分析

根据试验所得的数据（见附录），用专业统计软件 SPSS 做了黏聚力 C 与细粒含量、相对密实度及细粒含水量之间的相关分析[152]，结果如表 3.5 所示。通过相关分析可以看出，黏聚力 C 与相对密实度 D_r 和细粒含水量 W_L 有显著的关系，相关系数分别为 0.544 和 −0.414，而与细粒含量并无显著关系。这只是从数据结果总体上来分析的，说明三个因素对砂质土黏聚力的影响程度从大到小次序为相对密实度 D_r > 细粒含水量 W_L > 细粒含量 W，但细粒含水量是依赖于细粒含量的。

表 3.5 相关系数

参　数	W	D_r	W_L
C	-0.054	0.544^{**}	-0.414^{**}

注：** 表示在 0.01 水平下的双尾检验是显著相关的。

2. 数据曲线图表分析

1）细粒含量与黏聚力 C 的关系

从总体上看，砂质土黏聚力与细粒含量没有显著的相关性，但由图 3.1 分析得出，10% 的细粒含量是一个界限值，所以有必要分析砂质土黏聚力在细粒含量 ≤ 10% 和细粒含量 >10% 时的变化情况。将相对密实度相同、细粒含水量不同的砂质土黏聚力与细粒含量的试验数据绘制成曲线（图 3.1）。从图 3.1 中可分析得出：当砂质土较松散（图 3.1（a）、（b）），细粒呈软塑至流塑状态（细粒含水量为 43.29% 和 49.31%），且细粒含量小于 10% 时，砂质土黏聚力随细粒含量的增大而减小；除此情况外，砂质土黏聚力随细粒含量的变化基本保持不变。

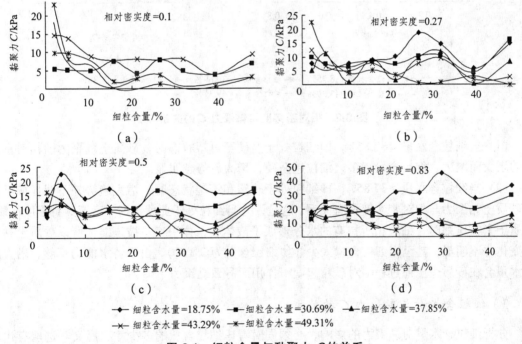

图 3.1 细粒含量与黏聚力 C 的关系

2）相对密实度 D_r 与黏聚力 C 的关系

一般认为，砂质土越密实，其具有的黏聚力也越大，从上述分析中所得出的黏聚力与相对密实度的相关系数为 0.544（正相关）也与以上观点相一致。将细粒含量为 2%、5%、10% 和 37% 所对应的不同细粒含水量砂质土的黏聚力与相对密实度 D_r 的试验数据绘成曲线，见图 3.2。从图 3.2 来看，情况却并非完全如此，而是与细粒含水量有关，同时也与细粒含量的多少有关：

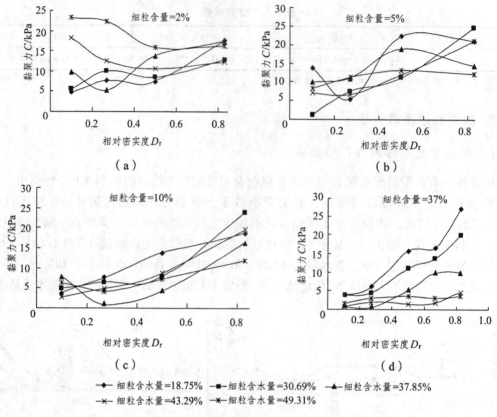

图 3.2　相对密实度与黏聚力 *C* 的关系

（1）当细粒含水量≤37.85%，即细粒处于坚硬至可塑状态时，砂质土黏聚力随相对密实度的增大而增大，细粒含量越多、细粒越坚硬，增大趋势越明显。

（2）当细粒含水量>37.85%，即细粒处于软塑和流塑状态时，增大趋势并不明显或可以说砂质土黏聚力与相对密实度没有关系。这是因为当细粒处于此状态时，已不具有强度性质，砂质土紧密压缩时，细粒和所持有的水分形成了液体状，体积不易被压缩，所以砂质土黏聚力变化并不明显，甚至当细粒含量太少（如细粒含量为 2% 时），由于持水能力不够，增大的含水量会在砂质土压缩过程中对砂粒起润滑作用而导致黏聚力下降。

3）细粒含水量与黏聚力 *C* 的关系

分析细粒含水量对黏聚力的影响，必须同时考虑细粒含量的多少才有意义。选取有代表性的 5%、10%、15% 和 37% 细粒含量下不同相对密实度所对应的细粒含水量与砂质土黏聚力的试验数据，绘成曲线图，见图 3.3。

从图 3.3 中，可以清楚地看出：

（1）当细粒含量≤10% 时，砂质土黏聚力与细粒含水量并无显著关系。这说明，当细粒含量在 10% 以内时，细粒并没有完全充填砂粒间的空隙，起不到包裹砂粒而作为润滑层的作用。

（2）当细粒含量>10% 时，如果细粒含水量增大，则砂质土的黏聚力有下降的趋势，并且相对密实度越大，减小的趋势越明显。这说明细粒开始在砂质土中起润滑作用，砂质土越

密实，润滑作用越明显。

（3）当细粒含量相同时，相对密实度越大，砂质土的黏聚力也越大。

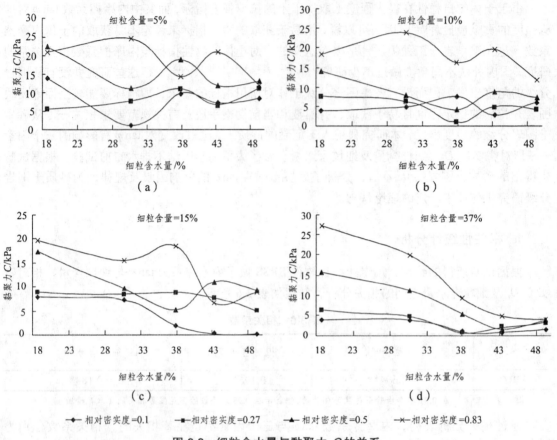

图 3.3　细粒含水量与黏聚力 *C* 的关系

3. 小　结

（1）当细粒含量小于 10% 时，随细粒含量的增大，黏聚力有减少的趋势；除此情况外，砂质土黏聚力与细粒含量无明显关系。由此，细粒含量可分两个组合：细粒含量<10% 和细粒含量≥10%。

（2）砂质土的密实程度对其黏聚力的影响与细粒的软硬状态有关。当细粒较硬时，砂质土越密实，黏聚力越大；而当细粒含水量为 43.29% 和 49.31% 时，即细粒处于软塑和流塑状态时，则砂质土黏聚力增大并不明显或是与相对密实度没有关系。由此，相对密实度 D_r 结合试验结果，根据常用规范分组方法，分为 4 个组：D_r≥0.67（密实），0.67~0.33（中密），0.20~0.33（稍密），<0.20（松散）。

（3）细粒含水量对砂质土黏聚力的影响与细粒含量有关。当细粒含量小于 10% 时，对黏聚力的影响不大；当大于 10% 时，细粒含水量越大，黏聚力越小。由此，细粒含水量可分为两个组：细粒含水量<43.29%（坚硬、硬塑、可塑）和细粒含水量≥43.29%（软塑、流塑）。

3.2.2 对砂质土围岩内摩擦系数的影响

由于土体的自稳性在很大程度上取决于土的抗剪强度指标，而其中内摩擦系数 $\tan\varphi$ 对抗剪强度的贡献最显著[153]。因而可以说，用易于获取的物性指标来评定不易获取的土体内摩擦系数，这在整个岩土工程领域也是很有意义的。对土体的物性指标与内摩擦系数相互关系的研究，国内外从不同角度做过不少研究[127, 128, 132, 134, 136, 140, 153]，但这些研究并没有从围岩分级的角度出发，因而没有考虑围岩分级工作对所用指标的要求，即指标要能较全面地反映围岩开挖后的稳定程度且易于获取，并且要和当前勘察手段及有关规范要求相统一。从砂质土围岩分级的角度出发，本研究利用人工配制的砂质土，通过改变对 $\tan\varphi$ 有影响的三个因素——相对密实度 D_r、细粒含量及细粒含水量，做了大量的不固结不排水直剪试验，根据试验所得出的砂质土围岩的 $\tan\varphi$ 值，分析了砂质土围岩 $\tan\varphi$ 的影响因素及规律，为砂质土围岩分级研究工作打下一定的理论基础。

1. 相关性统计分析

根据试验所得的数据，用专业统计软件 SPSS 做了内摩擦系数 $\tan\varphi$ 与细粒含量、相对密实度 D_r 及细粒含水量之间的相关分析，结果如表 3.6 所示。

表 3.6 相关系数

项目 系数	细粒含量	相对密实度	细粒含水量
$\tan\varphi$	− 0.694**	0.196**	− 0.184*

注：表中**表示在 0.01 水平检验下是显著相关的，*表示在 0.05 水平检验下是显著相关的（双尾检验）。

通过相关分析表明，内摩擦系数 $\tan\varphi$ 与三个因素都是显著相关的，相关系数分别为 − 0.694，0.196 和 − 0.184。这只是从数据结果总体上来分析的，说明三个因素对砂质土 $\tan\varphi$ 的影响程度从大到小次序为：细粒含量＞相对密实度＞细粒含水量。

2. 数据曲线图表分析

仅用相关分析还不能完全说明三者相互之间与砂质土内摩擦系数 $\tan\varphi$ 的关系。从相关分析可知，总体上，细粒含水量与其成负相关关系，但细粒含水量是与细粒含量相依从的，分析它对 $\tan\varphi$ 的影响，必须与细粒含量结合起来考虑。同时，细粒含水量对其影响与砂质土的紧密程度有无关系，也是应该考虑的。所以，考虑单个因素对 $\tan\varphi$ 的影响，必须同时考虑其他两个因素的作用。为此，分析时，采用控制某一因素，另一因素水平作为系列，绘出第三因素与 $\tan\varphi$ 的关系曲线图，来具体分析三因素对它的影响关系。这样做比用偏相关分析能较直观反映它们之间的关系[152, 154]。

1）细粒含量与内摩擦系数 $\tan\varphi$ 的关系

从相关分析知，三因素中，细粒含量对砂质土内摩擦系数 $\tan\varphi$ 的影响最显著，二者呈负相关关系，但从所绘出的曲线图 3.4 看，情况并非完全如此，而是和细粒含水量也相关。

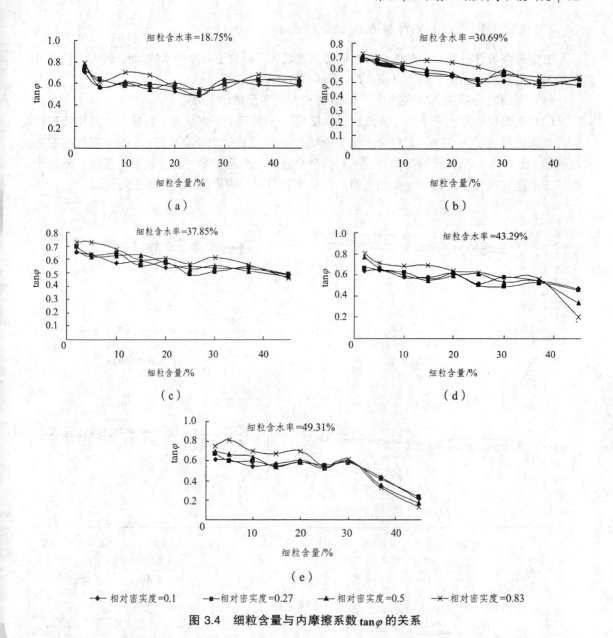

图 3.4 细粒含量与内摩擦系数 tan φ 的关系

从图 3.4 可以看出：当细粒含水量为 18.75% 时（图 3.4（a）），即细粒处于坚硬状态时，在细粒含量小于 10% 时，tan φ 随细粒含量的增多在减小，当大于 10% 后，减小的趋势并不明显；当砂质土中所含细粒处于硬塑及更软状态时，随着细粒含水量的增大，tan φ 随细粒含量的增大而减小的程度越大；当细粒含水量为 49.31%，即处于流塑状态时，在细粒含量为 30% 处有明显的分界点。本次试验所得到的这个规律和文献[140]的结论是一致的。这说明在细粒含量较高时，砂粒较均匀地分布在细粒介质中，粒间被细粒充填，粗颗粒被隔开，受剪切作用时，主要在细粒中滑动，并有利于颗粒的定向排列，因此，抗剪强度较低；细粒含量较低时，在遭受剪切作用时，粗颗粒起到骨架的作用，这有利于强度的提高，一旦细粒含量增加，砂粒的这种骨架作用就会很快消失[134]。

2）相对密实度 D_r 与内摩擦系数 $\tan\varphi$ 的关系

由相关性统计分析知，总体上，相对密实度越大，砂质土内摩擦系数 $\tan\varphi$ 越大，二者呈正相关，但从所绘出的曲线图（图 3.5）看却存在不同的情况：

（1）当细粒含量在 30% 范围内，$\tan\varphi$ 随相对密实度的增大而增大。

（2）当细粒含量大于 30%，且细粒含水量超过 37% 后，即细粒处于可塑、软塑和流塑状态时（如细粒含量为 37%，细粒含水量为 49.31%，即细粒处于流塑状态），$\tan\varphi$ 随相对密实度的增大而减小。出现此情况的原因为：当砂质土中细粒含量多并且含水量也多时，砂质土的挤压使起润滑作用的细粒土作用更明显，从而使砂质土内摩擦系数整体上降低。

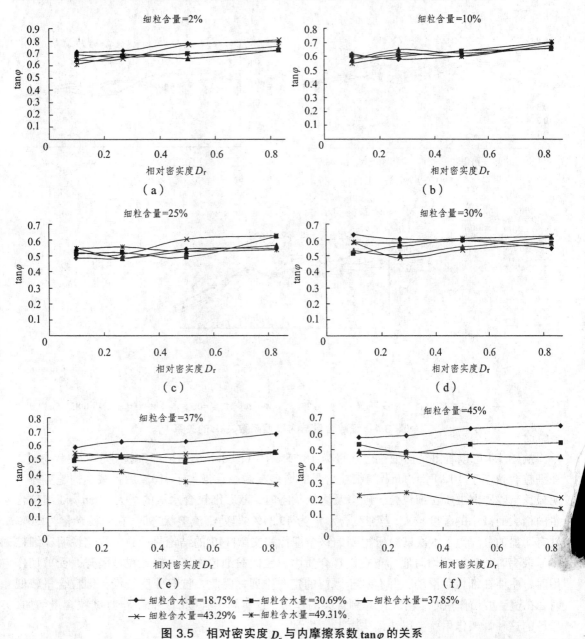

图 3.5 相对密实度 D_r 与内摩擦系数 $\tan\varphi$ 的关系

3）细粒含水量与内摩擦系数 tanφ 的关系

本书将不同细粒含量所对应的细粒含水量与砂质土内摩擦系数 tanφ 的关系曲线图 3.6 列出以供参考，这里只列出其中具有代表性的细粒含量的关系曲线图。

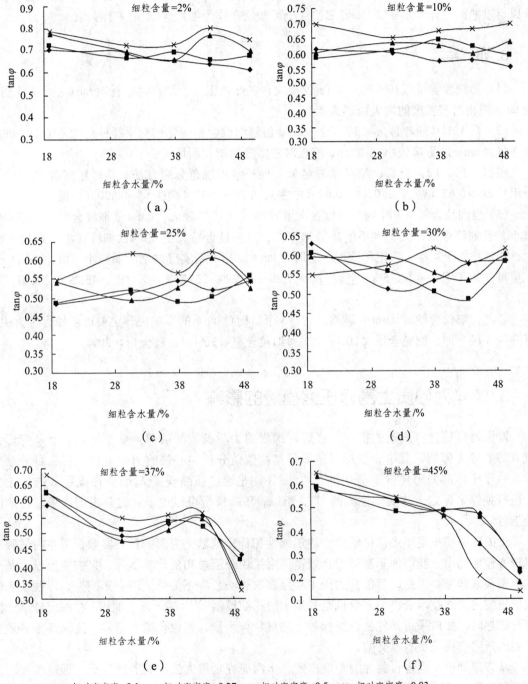

图 3.6 细粒含水量与内摩擦系数 tanφ 的关系

从图 3.6 可以看出：当细粒含量在 30% 以内时，含水量的变化对砂质土内摩擦系数 $\tan\varphi$ 影响较小，即减小的趋势不明显；细粒含量大于 30% 后，随细粒含水量的增大而呈较明显的减小趋势，相对密实度越大，减小的趋势越明显。从细粒含量为 37% 和 45% 时的内摩擦系数与细粒含水量的关系曲线可以看出，在细粒含水量为 43.21% 和 37.85% 处有较明显的分界点，所以可以把细粒含水量 37.85% 即细粒处于可塑状态作为细粒含水量的分界点值。

3. 小 结

(1) 当细粒含量≤10% 时，$\tan\varphi$ 值最大；在此范围内，细粒含水量对 $\tan\varphi$ 的影响较小，而 $\tan\varphi$ 随相对密实度的增大而增大。

(2) 当 10%＜细粒含量≤30% 时，$\tan\varphi$ 值随细粒含量变化相对平缓；在此范围内，细粒含水量对 $\tan\varphi$ 的影响较小，而 $\tan\varphi$ 随相对密实度的增大而增大。

根据 (1)、(2) 分析，结合试验结果，根据常用规范分组方法，相对密实度 D_r 分为 4 个组：$D_r \geqslant 0.67$（密实），$0.33 \sim 0.67$（中密），$0.20 \sim 0.33$（稍密），＜0.20（松散）。

(3) 当细粒含量＞30% 时，细粒含水量对 $\tan\varphi$ 的影响较大，$\tan\varphi$ 随细粒含水量的增大而减小，且细粒含量越大，减小的趋势越明显；当细粒含量大于 30% 且细粒含水量超过 37% 后，即细粒处于可塑、软塑和流塑状态时，$\tan\varphi$ 随相对密实度的增大而减小。由此，细粒含水量可分为 3 组：≤18.75%（坚硬），18.75%～43.29%（硬塑、可塑），≥43.29%（软塑、流塑）。

总之，细粒含量对 $\tan\varphi$ 的影响最大，3 个指标对 $\tan\varphi$ 的影响规律主要以细粒含量为主，可分为 3 段，即：细粒含量≤10%，10%＜细粒含量≤30%，细粒含量≥30%。

3.2.3 对砂质土围岩压缩模量的影响

对围岩自稳性有影响的指标，必定对围岩的力学参数如抗剪强度指标 C、φ 及变形模量 E 等有较大影响。其中，变形模量 E 是结构数值分析中必需的力学参数。但在野外勘察时，由于土体的变形模量不易获得[155]，而往往是通过压缩模量 E_s 与变形模量 E 的理论关系进行换算来评定土体变形性能的[156]，所以，压缩模量可以说是评定隧道围岩稳定性的间接指标。

土的压缩模量是用来评价地基土的压缩性和计算地基土变形的重要参数，用室内试验可以较方便地测出，我国地基基础设计规范通常采用分层总和法计算沉降，只需要提供地基土的压缩模量即可。因此，目前的岩土工程勘察报告一般都不提供土的变形模量，以往发表的大量研究论文或技术资料中多数也是采用土的压缩模量[157]。基于以上原因，在评定砂质土围岩自稳性时，如何采用其他物性指标如土的细粒含水量、细粒含量及密实程度来评定砂质土围岩的压缩模量是很有意义的。

从评定砂质土围岩自稳性的角度出发，本次研究利用人工配制的砂质土，通过改变对压缩模量有影响的三个因素——相对密实度、细粒含量及细粒含水量，做了大量的固结压缩试验，根据实验所得出的砂质土的压缩模量值，分析了砂质土围岩压缩模量 E_s 的影响因素及规律。由于目前的岩土工程勘察一般采用 $100 \sim 200\ \text{kPa}$ 竖向压力的压缩模量 E_{1-2}，故本次试验也采用 E_{1-2} 来研究。

1. 相关性统计分析

根据试验所得的数据，首先做了压缩模量 E_{1-2} 与细粒含量、相对密实度 D_r 及细粒含水量之间的相关分析，结果如表 3.7 所示。

表 3.7　相关系数

项　目 压缩模量	细粒含量 W	相对密实度 D_r	细粒含水量 W_L
E_{1-2}	-0.791^{**}	0.329^{**}	-0.195^{*}

注：表中 ** 表示在 0.01 水平检验下是显著相关的，* 表示在 0.05 水平检验下是显著相关的（双尾检验）。

通过相关分析表明，压缩模量 E_{1-2} 与砂质土细粒含量 W、相对密实度 D_r 及细粒含水量 W_L 都是显著相关的，相关系数分别为 -0.791、0.329 和 -0.195。这是从数据结果总体上来分析的，说明三个因素对砂质土压缩模量 E_{1-2} 的影响程度从大到小依次为：细粒含量 $W >$ 相对密实度 $D_r >$ 细粒含水量 W_L。

由于三因素与压缩模量 E_{1-2} 都是显著相关的，所以又进行了多元回归分析。分析结果如表 3.8 所示。

表 3.8　回归系数及显著性检验

项目	非标准化回归系数		t 值	显著性 Sig.
	系数	标准误差		
常数项	29 315.154	2 598.740	11.281	0
W	-788.244	41.514	-18.987	0
D_r	23 821.504	2 853.152	8.349	0
W_L	-247.852	48.938	-5.065	0

注：因变量为压缩模量 E_{1-2}（kPa）。

由于三因素回归系数的 t 显著性概率都为 0，说明三因素都应当作为解释变量出现在方程中[154]。压缩模量 E_{1-2} 与三因素的回归表达式可表示为：

$$E_{1-2} = 29\ 315.154 - 788.244W + 23\ 821.504D_r - 247.852W_L \tag{3.1}$$

式中　E_{1-2}——$100 \sim 200\ \text{kPa}$ 竖向压力下的压缩模量（kPa）；

W——细粒含量（%）；

D_r——相对密实度；

W_L——细粒含水量（%）。

2. 数据曲线图表分析

由相关分析和回归分析可知：总体上，砂质土压缩模量与细粒含水量成负相关关系，但细粒含水量是与细粒含量相依从的,分析它对 E_{1-2} 的影响,必须与细粒含量结合起来考虑;同时,细粒含水量对 E_{1-2} 的影响与砂质土的密实程度有无关系,也是应该考虑的。所以,考虑某一因素对 E_{1-2} 的影响,必须同时考虑其他两个因素的作用。为此,分析时,采用控制某一因素,另一因素水平作为系列,绘出第三因素与 E_{1-2} 的关系曲线图来分析三因素对 E_{1-2} 的影响关系。这样的曲线图能较直观地反映 E_{1-2} 与三因素的关系。

1)压缩模量 E_{1-2} 与细粒含量 W 的关系

各密实程度下 E_{1-2} 与细粒含量 W 的关系曲线见图3.7。

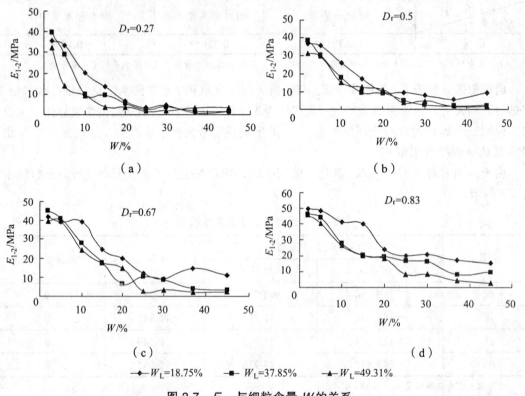

图 3.7　E_{1-2} 与细粒含量 W 的关系

从图3.7可以看出,当细粒含量小于20%时,E_{1-2} 随细粒含量的增大而呈较明显的减小趋势。在细粒含量为2%和5%时,不同细粒含水量对应的曲线上下分布有交叉现象,也就是说并不完全是含水量越小 E_{1-2} 就越大。含水量变化引起的非饱和土的最终变形表现为"膨胀"还是"沉降",取决于土的重度的增大和基质吸力的下降两方面的综合效应[158]。本次研究是从围岩自稳性分组角度出发,目的是找到影响压缩模量大小的物性指标的分界点。从曲线图可以看出,即使有由于含水量的增大而引起压缩模量 E_{1-2} 增大的点,这种增大也是比较小的,对确定分组界限影响不大。所以本次研究没有再对上述文献提出的问题进行深入研究。

当细粒含量大于20%后,从图3.7可以看出,细粒含量的变化对 E_{1-2} 的影响较小,在此细粒含量范围内,当密实状态和细粒含水量一定时,E_{1-2} 变化很小或基本保持不变;在此细粒含量范围内,当 D_r 为0.27,即砂质土呈较松散状态时,不同细粒含水量下曲线重合在一起,

此时 E_{1-2} 基本保持为常数；当 D_r 为 0.5 及以上时，即砂质土呈中密及以上时，D_r 越大，不同细粒含水量对应的曲线上下分离越明显，越没有交叉现象；也就是说，在此细粒含量范围内，当细粒含量和密实程度一定时，细粒含水量越小，对应的 E_{1-2} 越大。

综上所述，从 E_{1-2} 值的分布来看，可以将细粒含量分为三个阶段：第一阶段为细粒含量 ≤5%，此细粒含量范围内对应的压缩模量最大；第二阶段细粒含量为 5%～20%，此细粒含量范围内所对应的压缩模量变化幅度较大；第三阶段为细粒含量 ≥20%，是 E_{1-2} 随细粒含量增大而基本保持不变或变化较小的阶段。

由相关分析知，细粒含量是影响 E_{1-2} 的最关键因素，且图 3.7 的曲线规律性较好，这里对不同密实程度对应的细粒含量与 E_{1-2} 的关系曲线用统计软件 SPSS 中提供的 11 种曲线方程（包括线性、对数、逆曲线、二次、三次、幂函数、混合曲线、S 型、Logistic 曲线、生长曲线、指数曲线模型）进行了曲线拟合[159]。结果显示拟合曲线方程都具有显著性（即显著性水平 Sig.f＝0），密实程度为 $D_r = 0.27$ 和 $D_r = 0.5$ 时，E_{1-2} 与细粒含量 W 的关系用三次曲线方程拟合效果最好，而 $D_r = 0.67$ 和 $D_r = 0.83$ 时，则是用二次曲线拟合情况最好。各密实状态对应的 E_{1-2} 与细粒含量 W 的拟合曲线见图 3.8。

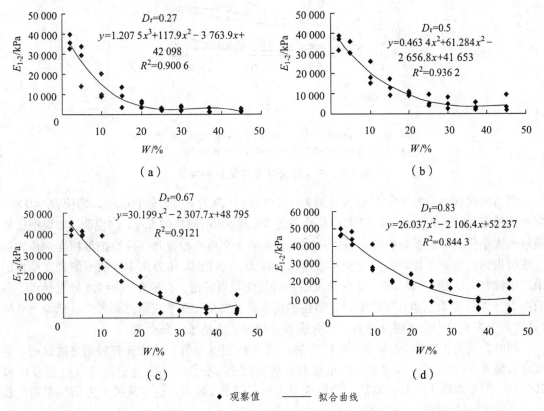

图 3.8　E_{1-2} 与细粒含量 W 的拟合曲线

2）压缩模量 E_{1-2} 与相对密实度 D_r 的关系

由相关性分析知，总体上，相对密实度越大，砂质土 E_{1-2} 越大，二者呈正相关。所绘出的曲线图 3.9 也基本反映了上述情况。

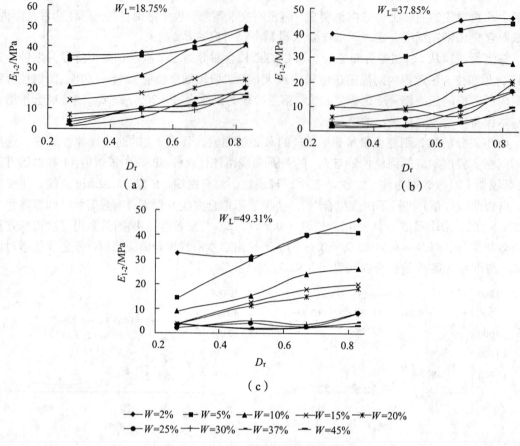

图 3.9　E_{1-2} 与相对密实度 D_r 的关系

但当细粒含水量为 49% 且细粒含量大于 20% 时，D_r 对 E_{1-2} 的影响很小，即使 $D_r = 0.83$，但对应的 E_{1-2} 也是小于 $D_r = 0.27$ 而细粒含量为 2% 和 5% 所对应的 E_{1-2}。这说明，如果把压缩模量的大小作为评定影响砂质土围岩开挖自稳性的一个重要参数时，应当把细粒含量作为第一评价指标，而不是反映砂质土密实程度指标的 D_r。当把 D_r 作为评定砂质土围岩自稳性的第二指标时，从图 3.9 的 E_{1-2} 与 D_r 的关系曲线族中可以看出，有的在 $D_r = 0.5$ 处有拐点，有的在 $D_r = 0.67$ 处有拐点，有的则没有明显的拐点。从安全和便于应用方面考虑，把 $D_r = 0.67$（是砂质土密实状态的下限分界点）作为围岩分组界限点是比较合适的。

同时，从图 3.9 中可以看出，细粒含量 W 在 20% 处为分界，曲线族有较明显的区别：当细粒含量 $W \geqslant 20\%$ 时，不同细粒含量所对应的曲线上下分离并不明显；而当细粒含量 $W < 20\%$ 后，则各曲线上下分离明显，细粒含量越小，则 E_{1-2} 越大。这也从另一方面说明用细粒含量 20% 作为分界点是合适的。

3）压缩模量 E_{1-2} 与细粒含水量 W_L 的关系

现将不同密实程度所对应的砂质土 E_{1-2} 与细粒含水量 W_L 的关系曲线图 3.10 列出，以供参考。

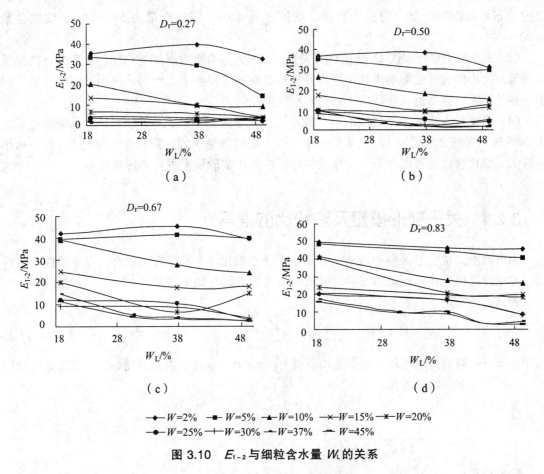

图 3.10　E_{1-2} 与细粒含水量 W_L 的关系

从图 3.10 可以看出：当细粒含量较少时（2% 和 5%），细粒含水量的变化对 E_{1-2} 影响较小（当 D_r 为 0.27，细粒含量为 5% 及细粒含水量为 49.31% 所对应的 E_{1-2} 较小，综合全图分析，可以认为此点对应的 E_{1-2} 是一个误差较大的点）；当砂质土处于较松散状态（$D_r = 0.27$）且细粒含量大于 20% 时，细粒含水量对 E_{1-2} 的影响也较小；除上述两种情况外，细粒含水量对 E_{1-2} 的影响相对较大，但当其他两个因素一定时，E_{1-2} 受其影响的变化范围也在 10 MPa 之内。

分析细粒含量对 E_{1-2} 影响的规律时，须考虑细粒含水量的影响，可以认为细粒含水量可以作为一个修正指标，用来评定砂质土围岩的压缩模量。

3. 小　结

从以上的分析可以得出以下的结论：

（1）通过统计分析，从总体上来看，对砂质土压缩模量影响程度从大到小依次为：细粒含量＞相对密实度＞细粒含水量。砂质土的细粒含量、细粒含水量及密实程度（用相对密实度 D_r 控制）三个因素，对砂质土围岩的压缩模量的影响是相互关联的，必须同时考虑而不能单独分析各因素的影响。

（2）细粒含量与砂质土压缩模量的关系呈负相关，是对 E_{1-2} 影响最大的因素，根据 E_{1-2}

值的分布可将细粒含量分为三个阶段：细粒含量≤5%；细粒含量为5%～20%；细粒含量≥20%。

（3）E_{1-2}与相对密实度D_r呈正相关关系，但对E_{1-2}的影响程度与细粒含量有关。如把压缩模量的大小作为评定影响砂质土围岩开挖自稳性的重要参数之一时，应当把细粒含量作为第一评价指标，而不是反映砂质土的密实程度指标的D_r。

（4）当细粒含量较少（2%和5%）或砂质土处于较松散状态（$D_r = 0.27$）且细粒含量大于20%时，细粒含水量对E_{1-2}的影响较小。除上述两种情况外，细粒含水量对E_{1-2}的影响相对较大，细粒含水量可以作为一个修正指标，用来评定砂质土围岩的压缩模量。

3.2.4 关于变形模量及泊松比的推导

由室内土工试验方法测砂质土变形模量E及泊松比μ，操作方法较难，且准确性不易保证。本次研究根据弹性理论的推导，砂质土的力学参数有如下的关系[160]。

侧压力系数：

$$K_0 = 1 - \sin\varphi' \tag{3.2}$$

式中　φ'——有效内摩擦角，对非饱和砂质土，$\varphi' \approx \varphi$，φ为总内摩擦角，即为本次试验所得到的内摩擦角。

泊松比：

$$\mu = \frac{K_0}{1 + K_0} \tag{3.3}$$

变形模量：

$$E = \frac{(1-2\mu)(1+\mu)}{(1-\mu)} E_s \tag{3.4}$$

式中　E_s——压缩模量，常用E_{1-2}表示。

根据以上换算关系，由试验测得的每组指标组合下砂质土内摩擦角φ及压缩模量E_{1-2}可以得到对应的变形模量E及泊松比μ，结果见附录。

3.3 基本分级指标值的组合

理论上，围岩的分级指标值可以有无穷的组合，所有的组合值才能完全描述围岩的性能。但通过以上试验研究可知，各分级指标值在一定范围内对砂质土围岩力学性能的影响基本相同。将影响相同的范围值作为一段，再将分级指标按划分出的每段来组合，就大大减少了研究工作量。

通过以上试验研究，可得到表3.9所示的指标值分段情况。

表 3.9 分级指标值分段情况

试验项目	分级指标	分段数	分段情况
分级指标与 黏聚力的关系	细粒含量	2	<10%；≥10%
	相对密实度	4	≥0.67；0.5~0.67；0.27~0.5；<0.27
	细粒含水量	2	<43.29%；≥43.29%
分级指标与内摩擦 系数的关系	细粒含量	3	≤10%；10%~30%；≥30%
	相对密实度	4	≥0.67；0.5~0.67；0.27~0.5；<0.27
	细粒含水量	3	≤18.75%；18.75%~43.29%；≥43.29%
分级指标与压缩 模量的关系	细粒含量	3	≤5%；5%~20%；≥20%
	相对密实度	4	≥0.67；0.5~0.67；0.27~0.5；<0.27
	细粒含水量	2	<43.29%；≥43.29%

由于砂质土围岩的内摩擦系数对其抗剪强度贡献最大，从砂质土围岩破坏形态来看，围岩稳定性主要由抗剪强度控制，而压缩模量或变形模量相对影响要小一些，所以在分级指标分段及分段界限值上主要以内摩擦系数为控制值。同时，由于反映围岩密实程度的定量指标 D_r 取值是各密实程度范围的代表值，所以可以表 2.5 中的界限值来作为分段的界限值。

由此，得到砂质土围岩分级指标值分段情况，见表 3.10。

表 3.10 砂质土围岩分级指标值分段情况

分级指标	分段数	分段情况
细粒含量	3	≤10%；10%~30%；≥30%
相对密实度	4	≥0.67；0.33~0.67；0.20~0.33；<0.20
细粒含水量	3	≤18.75%；18.75%~43.29%；≥43.29%

同时，从对以上试验数据的相关分析可知，总体上，分级指标对砂质土围岩力学性质影响的显著性排序是：细粒含量＞相对密实度＞细粒含水量。由此，可将细粒含量作为围岩分级的第一指标，相对密实度作为第二指标，细粒含水量作为第三指标。

将所有可能的分级指标值进行组合，所有的组合能反映围岩的力学性能和自稳性。

结合试验情况分析，将分级指标所对应的分段进行组合。

根据试验分析可知：当细粒含量＜30% 时，力学指标的大小与细粒含水量无关；当细粒含量≥30% 时，力学指标值主要与细粒含水量有关。

根据以上分析，得到砂质土围岩分级指标值组合情况，共有 17 种组合，如表 3.11 所示。表 3.11 中的分级指标组合能描述所有的砂质土围岩力学性能与自稳性能。

表 3.11　砂质土围岩分级指标值组合

分 级 指 标			组合号
细粒含量 W/%	相对密实度 D_r	细粒含水量 W_L/%	
<10	≥0.67		1
	0.33~0.67		2
	0.20~0.33		3
	<0.20		4
10~30	≥0.67		5
	0.33~0.67		6
	0.20~0.33		7
	<0.20		8
>30	≥0.67	≤18.75	9
		18.75~43.29	10
	0.33~0.67	≤18.75	11
		18.75~43.29	12
	0.20~0.33	≤18.75	13
		18.75~43.29	14
	<0.20	≤18.75	15
		18.75~43.29	16
		≥43.29	17

3.4　本章小结

1. 砂质土围岩基本分级指标与力学指标的关系

围岩自稳性是由围岩的物理力学性质决定的，为此，本次根据砂质土围岩分级指标体系，首先列出各指标可能存在的指标值，将砂质土围岩分级指标体系中各指标值进行组合。针对每种组合做成土工小试件，进行直剪与压缩室内试验，获得该种组合物理力学参数 C、φ、E_{1-2} 值。经分析得出了各基本分级指标对砂质土围岩各力学指标的影响规律。研究表明，三个基本分级指标对围岩力学性质的影响程度是：细粒含量＞密实程度＞细粒含水量。所以可以把细粒含量作为第一分级指标。各分级指标对围岩力学性能的影响存在界限值，在每段界限值范围内，对砂质土力学性质影响基本相同。由此，得到了分级指标值的分段，见表 3.10。

2. 基本分级指标值的组合

分级指标组合能描述所有的砂质土围岩力学性能与自稳性能。结合试验情况分析，将砂质土围岩分级指标体系中各指标值组合进行分段，将分级指标所对应的分段进行组合，即将所有可能的分级指标值进行组合，得到 17 种组合情况。由此，得到了砂质土围岩分级指标值组合情况，见表 3.11 所示。

第4章
砂质土围岩基本质量指标 SBQ

围岩分级是以围岩自稳性为基础的。而围岩的自稳性又取决于围岩的力学性能与所受到的荷载效应的关系。找到一个能综合反映围岩抗力与荷载效应的指标，对围岩分级研究会带来很大的方便。

本章主要根据以上思路，提出利用砂质土围岩基本质量指标 SBQ 来作为砂质土围岩分级的综合基准，并论述了其作为评定围岩自稳性基准指标的可行性。同时研究了利用砂质土围岩基本分级指标来评定 SBQ 值的方法，以及利用 SBQ 来评定围岩力学指标的方法。

4.1 基本思路

我国国家标准《工程岩体分级标准》（GB 50218—94）对工程岩体自稳性的分级是采用定性与定量相结合的方法，并分两步进行：先确定岩体基本质量，再结合具体工程的特点确定岩体级别。该方法认为：在影响工程岩体自稳性的诸因素中，岩石坚硬程度和岩体完整程度是岩体的基本属性，是各种岩石工程类型的共性，反映了岩体质量的基本特征，而其他影响岩体稳定的如地下水状态、初始地应力状态等则作为修正因素来考虑。目前实行的《公路隧道设计规范》（JTG D70—2004）中的围岩分级方法就是以此标准为基础进行的。其中，岩体基本质量指标用 BQ 表示，是利用数理统计的方法得出的一个指标表达式，可用下式表示：

$$BQ = 90 + 3R_c + 250K_v \tag{4.1}$$

式中　R_c——岩石单轴饱和抗压强度（MPa）；

　　　K_v——岩体完整性指数。

根据 *BQ* 计算值的大小，将岩体分为 5 个级别，*BQ* 值越大，则说明岩体的自稳性越好[2]。

这种利用一个综合指标来反映岩体自稳性的方法，在较大程度上减少了分级的主观性，提高了围岩分级的精度，并且降低了围岩分级工作的难度，便于工程技术人员在实际工程中的应用。

对砂质土围岩分级的研究，同岩体围岩一样，也应首先从自稳性入手，找出影响自稳性的因素及规律，再找到一个自稳性分级的基准，据此基准，对所采用的分级指标或因素进行分级并给出相应的力学参数和支护措施。但由于目前有关土质隧道设计及施工的资料较少，不能从调研中总结出一个像评定岩体围岩自稳性的 *BQ* 那样的基准指标，用来衡量土质围岩自稳性。

如果能找到一个像 *BQ* 这样能反映砂质土围岩自稳性的综合指标，并且能用一个含与自稳性相关的砂质土的物性指标表达的定量表达式来计算，将是一个比较好的围岩分级思路。

4.2　砂质土围岩基本质量指标 *SBQ* 的提出

总的来说，土是一种三相介质的堆积体，与一般固体材料不同。它不能承受拉力，但能承受一定的剪力和压力。在一般工作条件下，土的破坏形态是剪切破坏，所以把土的强度称为抗剪强度。对于土来说，强度理论有不少，但目前比较简单而又比较符合实际的是莫尔-库仑强度理论。莫尔-库仑强度理论可以用如下公式描述[161]：

$$S = C + \sigma \cdot \tan\varphi \qquad (4.2)$$

式中　C —— 土的黏聚力（MPa）；

　　　σ —— 作用在剪切面上的有效法向应力（MPa）；

　　　φ —— 土的内摩擦角。

以上的 C 和 φ 取决于土的性质，与土中的应力状态无关，一般称为土的强度指标，可由试验直接确定。

如果说抗剪强度是砂质土围岩抗力的主要来源，那么上覆土的压力就是其荷载效应的主要来源。对于砂质土围岩，抗剪强度与土压力比值的大小可以作为一个评定隧道开挖后围岩稳定程度的基本质量指标，比值越大，说明稳定程度或承载力越好。如直接用物性指标来评定围岩自稳性，由于我国类似施工实例较少，用室内试验模拟时，即使采用正交试验或均匀试验方法，也会在试验条件及时间上有所限制。因此，用此比值作为用物性指标评定围岩自稳性的中间桥梁，通过小试验件的土工试验，研究物性指标对此比值的影响规律，可在大致范围内确定围岩自稳性分级所对应物性指标的界限值，再在此基础上，进行较小数量的数值模拟和模型试验进行验证和修正，从而得出较精确的分级界限来。这就是本分级方法的主要思路和研究的出发点。

由前面的分析可知，砂质土围岩的抗剪强度与上覆土压力之比可以反映隧道开挖后围岩的自稳性，此指标可用下面的公式来表达：

$$\frac{S}{\gamma H} = \frac{\sigma_n \cdot \tan\varphi + C}{\gamma H} = \frac{C}{\gamma H} + \frac{\sigma_n \cdot \tan\varphi}{\gamma H} \tag{4.3}$$

式中　S——砂质土的抗剪强度（kPa）；

　　　σ_n——正应力（kPa）；

　　　φ——内摩擦角；

　　　C——黏聚力（kPa）；

　　　H——埋深（m）；

　　　γ——重度（kN/m³）。

对于式（4.3）中的 σ_n 可用相应埋深为 H 时的最大垂直压力 $\sigma_{max}=\gamma H$ 来代替，这样处理的优点是指标容易获得，还可使结构设计偏于安全。这是因为由于砂质土具有"拱效应"，当埋深大到一定程度时，作用于结构上的荷载会小于 γH；当然，也可能由于埋深较小而体现不出"拱效应"，或是可能出现由于侧压力系数 K_0 大于 1 时而侧压力大于垂直土压力的现象。但不管埋深多大或是能否形成"塌落拱"，上述（4.3）式的值都能综合反映砂质土围岩的自稳性或承载力。

对于埋深，统一取 $H=20$ m，引入埋深 H 这个量，完全是从使表达式（4.3）在量纲上的统一来考虑的，同时也考虑到砂质土在地下的常见深度约为 20 m 以内来定的，H 在式中并不是一个变量。

经过如此处理后，同时参照岩体基本质量指标用字母组合 BQ 表达的方式，将砂质土围岩的抗剪强度与上覆荷载之比称为砂质土围岩基本质量指标，用英文表示，则为 Sandy surrounding rock Basic Quality index，缩写用字母组合 SBQ 来表示，可定义为如下公式：

$$SBQ = \frac{C}{20\gamma} + \tan\varphi \tag{4.4}$$

可以看出，指标 SBQ 是一个无量纲量，涵盖了砂质土的抗力及荷载效应，并且使力学强度指标值 C、φ 及 γ 有机结合在一起，避免了三指标的相互割裂，因为对同一地质材料的围岩来说，上述三指标是具有相关性的。此值越大，说明围岩的基本质量越好，说明开挖后稳定程度越高。

4.3　SBQ 与基本分级指标关系的试验研究

由于砂质土的力学参数 C、φ 在现场不易获取，所以直接利用定义公式（式（4.4））来求取 SBQ 值有一定困难。而第 3 章研究表明，所确定的三个基本分级指标与 C、φ 有较好的相关性，这说明基本分级指标与 SBQ 之间也具有一定的相关性。

为此，利用第 3.1 节中的室内土工小试件试验得到的各种指标组合下的砂质土物理力学强度指标值 C、φ 及 γ，按式（4.4）计算出对应的 SBQ 值，由此分析 SBQ 值与各指标之间的关系。共进行了 225 组试件试验，试验组合及结果见附录。

4.3.1　数据曲线图分析

利用数据曲线图，可以较直观地分析 *SBQ* 与各基本分级指标的关系。

1. *SBQ* 与细粒含量的关系

固定细粒含水量 W_L 不变，各细粒含水量下的 *SBQ* 与细粒含量 *W* 的关系曲线见图 4.1。

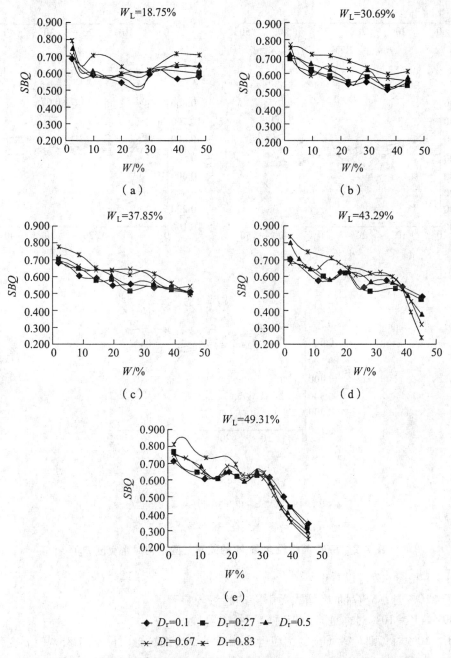

图 4.1　*SBQ* 与细粒含量 *W* 的关系（固定细粒含水量 W_L 不变）

固定相对密实度 D_r 时，SBQ 与细粒含量 W 的关系如图 4.2 所示。

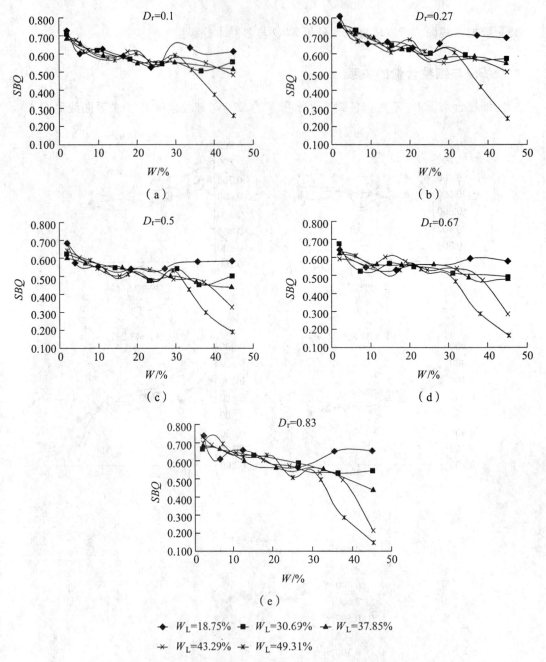

$W_L=18.75\%$　　　$W_L=30.69\%$　　　$W_L=37.85\%$

$W_L=43.29\%$　　　$W_L=49.31\%$

图 4.2　SBQ 与细粒含量 W 的关系（固定相对密实度 D_r）

由图 4.1 和图 4.2 可以看出：

当 $W<10\%$ 时，SBQ 随 W 增大而下降的趋势较显著。

当 $30\%\geqslant W\geqslant 10\%$ 时，是一个相对较平缓的阶段。

当 $W>30\%$ 时，则与砂质土的细粒含水量有关：当细粒含水量 $\leqslant 37.85\%$ 时，变化较为平缓；当细粒含水量 $>37.85\%$ 时，随细粒含量的增大，SBQ 会急剧减小。

2. *SBQ* 与相对密实度 *D*ᵣ 的关系

相对密实度 *D*ᵣ 对 *SBQ* 的影响见曲线图 4.3。

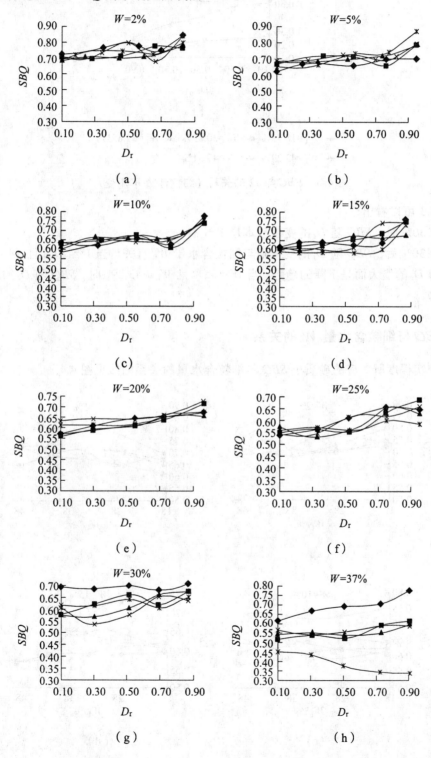

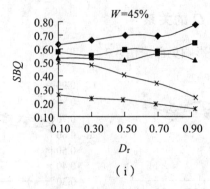

（i）

◆ W_L=18.75%　■ W_L=30.69%　▲ W_L=37.85%

✳ W_L=43.29%　✻ W_L=49.31%

图 4.3　*SBQ* 与 *D*ᵣ 的关系（细粒含量 *W* 不变）

由图 4.3 可以看出：

当 $W \leqslant 30\%$ 时，*SBQ* 随 D_r 的变化基本是上升的。

当 $W > 30\%$ 后，*SBQ* 随 D_r 的变化则与细粒含水量 W_L 有关：当 $W=37\%$ 且 $W_L=49.31\%$ 时，*SBQ* 随 D_r 的增大而呈下降的趋势；当 $W=45\%$ 且 $W_L \geqslant 43.29\%$ 时，*SBQ* 随 D_r 的增大而呈下降的趋势。

3. *SBQ* 与细粒含水量 *W*ₗ 的关系

不同密实程度所对应的砂质土 *SBQ* 与细粒含水量的关系曲线见图 4.4。

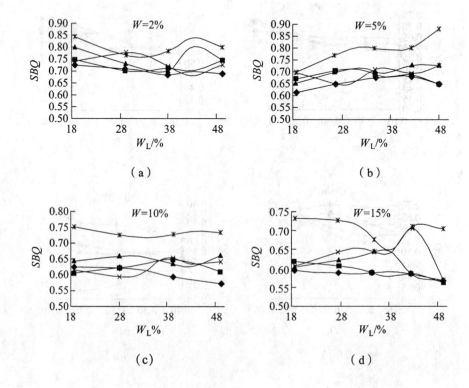

（a）　　　　　　　　　　　　（b）

（c）　　　　　　　　　　　　（d）

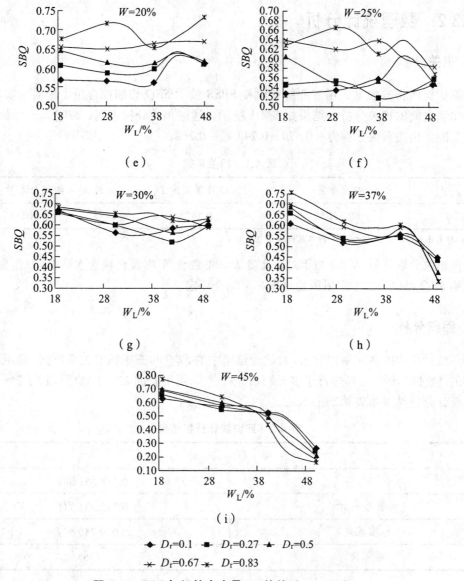

图 4.4　*SBQ* 与细粒含水量 W_L 的关系（D_r 不变）

由图 4.4 可以看出：

当 $W \leqslant 30\%$ 时，*SBQ* 随 W_L 而减小的趋势并不明显，甚至还有增大的趋势。

当 $W > 30\%$ 后，*SBQ* 随 W_L 的增大呈较明显的降低趋势，而且 W 越大，降低的趋势越显著。当 $W = 37\%$ 时，$W_L = 43.29\%$ 是一个较明显的分界点；当 $W = 45\%$ 时，$W_L = 37.85\%$ 是另一个较明显的分界点。

按照曲线图的分布形式，将所有数据划分为 3 种类型：

（1）细粒含水量 $W_L = 18.75\%$ 系列数据，此组数据的 *SBQ* 与细粒含量 W 无明显相关性，只与相对密实度 D_r 有关。

（2）细粒含量 $W < 30\%$ 时，*SBQ* 与细粒含水量 W_L 无明显相关性，只与 W 和 D_r 有关。

（3）细粒含量 $W \geqslant 30\%$ 时，3 个指标对 *SBQ* 的影响都很显著。

4.3.2 数理统计分析

1. 相关分析

根据试验所得的数据，用专业统计软件 SPSS 做了 SBQ 与细粒含量、相对密实度 D_r 及细粒含水量之间的相关分析，结果如表 4.1 所示。通过相关分析表明，SBQ 与三个因素都是显著相关的，相关系数分别为 -0.670，0.242 和 -0.268。

表 4.1 相关系数

项 目	细粒含量	相对密实度 D_r	细粒含水量
SBQ	-0.670^{**}	0.242^{**}	-0.268^{**}

注：**表示在显著性水平为 0.01 的双尾检验下显著相关。

根据相关分析可知，SBQ 与相对密实度 D_r、细粒含量 W 及细粒含水量 W_L 都是显著相关的，说明 SBQ 可以用三个定量的物性指标来综合评定。

2. 回归分析

利用统计学中的多元回归方法，对试验结果中的 SBQ 与三指标的关系数据，利用 EXCEL 软件中的"数据分析"工具进行了多元回归分析[162]。用所有的 225 个数据进行了第一次回归分析，统计分析结果如表 4.2 所示。

表 4.2 回归统计分析结果

回 归 统 计	
R^2	0.578 651 381
调整后的 R^2	0.572 931 716
标准误差	0.070 730 577
观测值	225

上表中的 R^2 叫做决定系数（coefficient of determination），统计学上缩写为 R^2，它实际上是相关系数的平方。相关系数表明的是两个事物彼此关联的程度。在这里，R^2 让我们在一定程度上看到趋势线与数据拟合到了什么程度。粗略地讲，它表明的是因变量与自变量关联的偏差。一般情况下，这个结果越接近 1，表明拟合得越好。小于 0.7 的值表明趋势线未能很好地拟合相关的数据[163]。

从表 4.2 的回归分析结果可以看到，回归的判断系数 R^2 为 0.58 左右，即说明能解释 SBQ 的关系占总体的 58%，并不是太令人满意，说明 225 个试验数据的离散性还是比较大。将差异较大的特殊样本数据排除后再算一次回归，可求得更适当的回归方程式[162]。为此，通过逐步排除有较大差异的试验数据点，共进行了 4 次回归分析，共排除了 63 个差异较大的试验点。

根据回归分析结果，试验数据可以分为 3 种情况：

第一种情况：一般情况（除下述两种情况）；

第二种情况：$W > 30\%$ 且 $W_L \leqslant 18.75\%$ 的情况；

第三种情况：$W > 30\%$ 且 $W_L \geqslant 43.29\%$ 的情况。

1）第一种情况

第四次利用 162 个试验数据，经回归后的统计分析结果如表 4.3 及表 4.4 所示。

表 4.3　回归统计分析结果

回　归　统　计	
R^2	0.871 712 124
调整后的 R^2	0.869 276 278
标准误差	0.024 821 773
观测值	162

表 4.4　回归系数

项　　目	回归系数	标准误差	t Stat	P 值	下限 95.0%	上限 95.0%
常数项	0.664 68	0.009 581	69.377 69	3E-120	0.645 754	0.683 599
$W/\%$	− 0.004 45	0.000 165	− 26.982 60	4.88E-61	− 0.004 770	− 0.004 120
D_r	0.139 23	0.007 465	18.651 75	9.03E-42	0.124 490	0.153 978
$W_L/\%$	− 0.000 57	0.000 213	− 2.699 29	0.007 705	− 0.000 990	− 0.000 150

从以上结果可以看到，常数项及变量项系数的 t 的显著性检验（P 值）都小于 0.05，表示常数项及三个指标都应当作为解释变量出现在方程中[154]。判断系数 $R^2 = 0.871\ 7$，调整后的判断系数也达到了 0.869，从工程角度看，已相当令人满意了。此时，砂类土隧道围岩基本质量指标 *SBQ* 与三个定量物性指标的关系可以用下式来表示：

$$SBQ = 0.664\ 68 - 0.004\ 45W + 0.139\ 23D_r - 0.000\ 57W_L \tag{4.5}$$

式中　W——细粒含量（%）；

　　　W_L——细粒含水量（%）；

　　　D_r——相对密实度。

用式（4.5）对三个物性指标 W、W_L 及 D_r 的 162 个不同组合情况进行了拟合，拟合结果的相对误差不超过 ±10%，说明式（4.5）的预测精度是较高的。式（4.5）对细粒含量在 10% 至 30% 范围内能很好地进行预测。

经过逐步剔除误差较大数据的回归分析，共剔除了 63 个数据，这 63 个数据可以分为以下几种情况，即表 4.5 中几种组合情况不能用上述式（4.5）进行预测。

表 4.5　不能用式（4.5）进行预测的组合情况

$W/\%$	D_r	$W_L/\%$
2	—	18.75
5	—	18.75
37	—	18.75
	—	49.31
	—	18.75
	0.5	43.29
45	0.67	43.29
	0.83	43.29
	—	49.31

注：表中—表示包括所有的 D_r 值。

对于细粒含量 W 为 2% 和 5% 的情况，试验值及用式（4.5）预测值如表 4.6 所示。

表 4.6　W 为 2% 和 5% 组合情况的试验值及预测值

$W/\%$	D_r	$W_L/\%$	SBQ 试验值	SBQ 预测值
2	0.10	18.75	0.725	0.659 012
2	0.27	18.75	0.747	0.682 682
2	0.50	18.75	0.800	0.714 706
2	0.67	18.75	0.742	0.738 375
2	0.83	18.75	0.843	0.760 653
5	0.10	18.75	0.604	0.645 662
5	0.27	18.75	0.655	0.669 332
5	0.50	18.75	0.639	0.701 356
5	0.67	18.75	0.679	0.725 025
5	0.83	18.75	0.682	0.747 303

从表 4.6 中可以发现，上述条件下的 SBQ 的预测值更加符合实际工程情况，试验值是由于直剪试验中边压缩边剪切造成的，所以即便在 $D_r=0.1$ 即砂质土处于松散状时，其内摩擦角也存在很大的现象。因此，认为用拟合公式（4.5）预测上述情况更加合理。

基于上述原因，对于 $W<10\%$ 且 $W_L<18.75\%$ 的情况，仍采用式（4.5）进行预测。

2）第二种情况

对于 $W>30\%$ 且 $W_L=18.75\%$ 的情况，试验得到的对应的 SBQ 值如表 4.7 所示。

表 4.7　*W* > 30% 且 *W*ₗ = 18.75% 组合情况的预测情况

W/%	*D*ᵣ	*W*ₗ/%	*SBQ* 试验值	*SBQ* 预测值	残差	误差/%
37	0.10	18.75	0.600	0.503 262	0.10	16.173 57
37	0.27	18.75	0.648	0.526 932	0.12	18.691 76
37	0.50	18.75	0.676	0.558 956	0.12	17.354 36
37	0.67	18.75	0.689	0.582 625	0.11	15.439 10
37	0.83	18.75	0.756	0.604 903	0.15	19.985 44
45	0.10	18.75	0.609	0.467 662	0.14	23.226 14
45	0.27	18.75	0.636	0.491 332	0.14	22.730 20
45	0.50	18.75	0.679	0.523 356	0.16	22.907 85
45	0.67	18.75	0.669	0.547 025	0.12	18.248 25
45	0.83	18.75	0.748	0.569 303	0.18	23.890 19

从表 4.7 可以看出，预测值较试验值偏小。将所有 *W*ₗ = 18.75% 的数据进行相关分析，结果如表 4.8 所示，可以看到，*SBQ* 与细粒含量并无显著相关性，由于回归拟合公式（4.5）中含有 *W* 项，且是负相关关系，所以导致了上述情况的发生。

表 4.8　相关系数

项　　目	*W*	*D*ᵣ
SBQ	− 0.190	0.530**

注：**表示在显著性水平为 0.01 的双尾检验下显著相关。

将表 4.7 中的 *SBQ* 单独与 *D*ᵣ 进行回归分析，结果如表 4.9 和表 4.10 所示。

表 4.9　回归统计结果

回　归　统　计	
*R*²	0.895 714
调整后的 *R*²	0.882 679
标准误差	0.017 742
观测值	10

表 4.10　回归系数

项　　目	回归系数	标准误差	t Stat	P 值	下限 95.0%	上限 95.0%
常数项	0.587 435	0.011 545	50.881 95	2.47E-11	0.560 812	0.614 058
*D*ᵣ	0.176 456	0.021 287	8.289 294	3.38E-05	0.127 368	0.225 545

从表 4.9 和表 4.10 中的 *R*² 和 P 值的大小来看，拟合效果很好。所以当 *W* > 30% 且 *W*ₗ ≤ 18.75% 时的拟合公式为：

$$SBQ = 0.587 + 0.176 D_r \tag{4.6}$$

用式（4.6）预测当 *W* > 30% 且 *W*ₗ ≤ 18.75% 时的情况如表 4.11 所示。

表 4.11　用式（4.6）预测当 $W > 30\%$ 且 $W_L \leqslant 18.75\%$ 时的情况

$W/\%$	D_r	$W_L/\%$	SBQ 试验值	SBQ 预测值	残差	误差/%
37	0.10	18.75	0.600	0.605 081	−0.004 720	−0.786 060
37	0.27	18.75	0.648	0.635 079	0.012 988	2.004 142
37	0.50	18.75	0.676	0.675 664	0.000 664	0.098 231
37	0.67	18.75	0.689	0.705 661	−0.016 660	−2.418 040
37	0.83	18.75	0.756	0.733 894	0.022 097	2.922 885
45	0.10	18.75	0.609	0.605 081	0.004 061	0.666 674
45	0.27	18.75	0.636	0.635 079	0.000 786	0.123 679
45	0.50	18.75	0.679	0.675 664	0.003 206	0.472 329
45	0.67	18.75	0.669	0.705 661	−0.036 530	−5.459 520
45	0.83	18.75	0.748	0.733 894	0.014 108	1.886 042

从表 4.11 中可以看到预测误差很小，不超过 6%，说明用式（4.6）预测此种情况效果很好。

3）第三种情况

而对于 $W = 37\%$，$W_L = 49.31\%$ 或是 $W = 45\%$，$W_L = 43.29\%$、49.31% 的情况，此时从曲线图（图 5.3（h）、(i)）可以看出，当 D_r 增大时，SBQ 反而在减小。具体试验值如表 4.12 所示。

表 4.12　当 $W = 37\%$，$W_L = 49.31\%$ 或 $W = 45\%$，$W_L = 43.29\%$、49.31% 的情况

$W/\%$	D_r	$W_L/\%$	SBQ 试验值
37	0.10	43.293 5	0.555
37	0.27	43.293 5	0.530
37	0.50	43.293 5	0.548
37	0.67	43.293 5	0.579
37	0.83	43.293 5	0.576
37	0.10	49.310 0	0.443
37	0.27	49.310 0	0.430
37	0.50	49.310 0	0.364
37	0.67	49.310 0	0.342
37	0.83	49.310 0	0.338
45	0.10	43.293 5	0.481
45	0.27	43.293 5	0.465
45	0.50	43.293 5	0.373
45	0.67	43.293 5	0.318
45	0.83	43.293 5	0.236
45	0.10	49.310 0	0.257
45	0.27	49.310 0	0.232
45	0.50	49.310 0	0.209
45	0.67	49.310 0	0.179
45	0.83	49.310 0	0.156

产生上述现象的原因分析：在剪试验中，由于砂类土含水量较多，剪切时施加竖向力将土样压密，产生相当于液化的现象，压得越紧，液化越严重，内摩擦角越小，故而会产生上述所谓 *SBQ* 减小的现象。

根据表 4.21 的 20 个试验数据分析表明，*SBQ* 最大值为 0.5 左右，75% 以上的 *SBQ* 小于 0.5，为此，得到在 $W>30\%$ 且 $W_L \geqslant 43.29\%$ 时，$SBQ<0.5$。

4.3.4 小 结

由以上分析可见，砂质土围岩 *SBQ* 值利用基本分级指标预测方法见表 4.13。

表 4.13 用砂质土物性指标进行 *SBQ* 值的预测方法

适用条件	预测公式
$W>30\%$ 且 $W_L \leqslant 18.75\%$	$SBQ = 0.587 + 0.176D_r$
$W>30\%$ 且 $W_L \geqslant 43.29\%$	$SBQ <0.5$
除上述情况外	$SBQ = 0.664\,68 - 0.004\,45W + 0.139\,23D_r - 0.000\,57W_L$

4.4 砂质土围岩力学指标与 *SBQ* 的关系

由于 *SBQ* 值的计算公式（4.4）中已包含了力学指标重度 γ、黏聚力 C 及内摩擦角 φ；而泊松比 μ 或侧压力系数 K_0 与 φ 值有关（式（3.2）、（3.3））；变形模量 E 与压缩模量 E_s 也有函数关系（式（3.4））。由此可知，砂质土围岩力学指标值与 *SBQ* 值之间具有一定的相关性，本节的目的就是利用土工试验得到的结果，通过数理统计的方法，找到围岩物理力学指标与 *SBQ* 之间的定量关系。

根据所做的 225 个直剪试验数据及 118 个压缩试验数据，通过公式（4.4）和公式（3.2）、（3.3）、（3.4）的换算，就可以得到对应的 225 个砂质土围岩的 *SBQ* 值和侧压力系数 K_0、泊松比 μ 及对应的 118 个变形模量 E，试验结果见附录。

对数据的处理采用了相关分析、聚类分析及多元回归分析等数理统计方法。

4.4.1 相关分析

首先将 118 个全部对应的力学指标（包括重度 γ）进行了典型相关分析[159]，结果如表 4.14 所示。

从表 4.14 结果可以看到，包括重度 γ 在内的所有 8 个物理力学指标中，只有 *SBQ* 在 0.01 水平下用双尾检验与其他 7 个指标都是显著相关的，说明该指标是可以用来描述其他 7 个指标的。

表 4.14   相关系数

项目	重度 γ /(kN/m³)	C/kPa	$\tan\varphi$	侧压力系数 K_0	泊松比 μ	SBQ	压缩模量 E_s/kPa	变形模量 E_0/kPa
重度 γ /(kN/m³)	1	0.027	-0.386**	0.407**	0.390**	-0.379**	-0.193*	-0.203*
C/kPa	0.027	1	0.116	-0.124	-0.118	0.296**	0.240**	0.219*
$\tan\varphi$	-0.386**	0.116	1	-0.993**	-1.000**	0.983**	0.642**	0.668**
侧压力系数 K_0	0.407**	-0.124	-0.993**	1	0.995**	-0.978**	-0.585**	-0.607**
泊松比 μ	0.390**	-0.118	-1.000**	0.995**	1	-0.983**	-0.631**	-0.656**
SBQ	-0.379**	0.296**	0.983**	-0.978**	-0.983**	1	0.662**	0.683**
压缩模量 E_s/kPa	-0.193*	0.240**	0.642**	-0.585**	-0.631**	0.662**	1	0.997**
变形模量 E_0/kPa	-0.203*	0.219*	0.668**	-0.607**	-0.656**	0.683**	0.997**	1

注：** 表示在 0.01 水平下用双尾检验是显著相关的；
   * 表示在 0.05 水平下用双尾检验是显著相关的。

4.4.2   聚类分析

为进一步考察 SBQ 能综合反映砂质土围岩的力学性质，又做了 8 个指标的指标（R 型）聚类分析，结果如表 4.15 所示。

表 4.15   垂直冰柱图表

聚类数	项　　目														
	变形模量 E_0/kPa		压缩模量 E_s/kPa		SBQ		$\tan\varphi$		C/kPa		泊松比 μ		侧压力系数 K_0		重度 γ/(kN/m³)
1	X	X	X	X	X	X	X	X	X	X	X	X	X	X	X
2	X	X	X	X	X	X	X	X	X		X	X	X	X	X
3	X	X	X	X	X	X	X	X			X		X	X	X
4	X	X	X	X	X	X	X				X			X	X
5	X	X	X	X	X		X				X				X
6	X	X	X	X	X						X				X
7	X	X	X		X						X				X

从表 4.15 的垂直冰柱图可以清楚看出：8 个指标经过 7 次合并后聚合成一类。这也说明 8 个指标中可以挑选出一个有代表性的指标作为典型指标。根据求出的相关系数，可计算每个指标与其他指标的相关指数（相关系数的平方）的平均数，计算公式是：

$$R_i^2 = \frac{\sum r_{ij}^2}{m-1} \tag{4.7}$$

式中　$i=1$，2，$\cdots$，m（m 是所在类的指标个数）；

r_{ij}——相关系数，$i \neq j$，$j=1$，2，$\cdots$，m。

在算出的 R_i^2 中，挑选出 R_i^2 最大的指标作为该类的典型指标[159]。

根据表 4.14 的结果，由式（4.7）算出了各指标的 R_i^2，其中 $m=8-1=7$。结果如表 4.16 所示。可以看到，SBQ 的 R_i^2 是最大的。这也进一步证明，用 SBQ 可以作为 8 个力学指标的典型指标，是具有代表性的指标。

表 4.16　指标的相关指数 R_i^2

指标	重度 γ/(kN/m³)	C/kPa	$\tan\varphi$	侧压力系数 K_0	泊松比 μ	SBQ	压缩模量 E_s/kPa	变形模量 E_0/kPa
R_i^2	0.099	0.034	0.567	0.546	0.564	0.575	0.383	0.399

4.4.3　多元回归分析

对砂质土围岩各物理力学参数与对应的 SBQ 进行了多元回归分析，经过回归拟合的公式及曲线图见图 4.5～4.10。

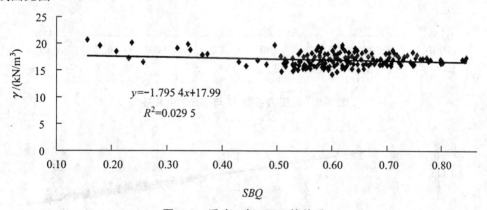

图 4.5　重度 γ 与 SBQ 的关系

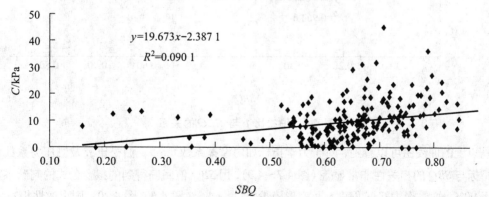

图 4.6　黏聚力 C 与 SBQ 的关系

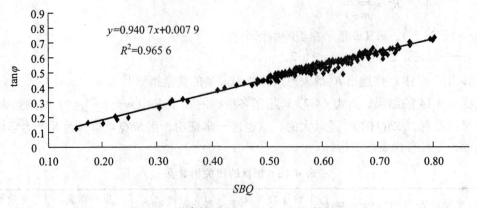

图 4.7　内摩擦系数 $\tan\varphi$ 与 SBQ 的关系

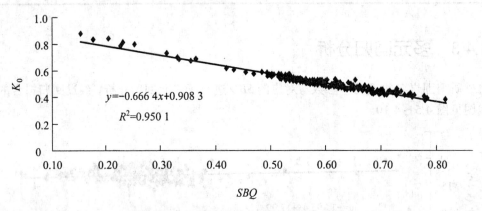

图 4.8　侧压力系数 K_0 与 SBQ 的关系

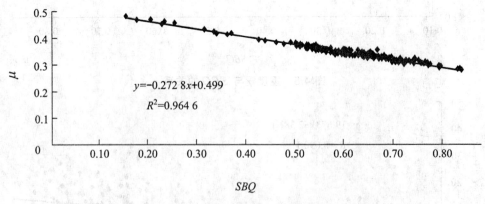

图 4.9　泊松比 μ 与 SBQ 的关系

　　从以上的曲线图可以看到，对于力学指标如内摩擦系数 $\tan\varphi$、泊松比 μ 及侧压力系数 K_0 等三个指标与 SBQ 的相关性非常显著（图 4.7～4.9），用 SBQ 值回归得到的拟合公式的判断系数 R^2 都大于 90%，而黏聚力 C、重度 γ 及变形模量 E（图 4.5、图 4.6、图 4.10）则离散性相对大些。

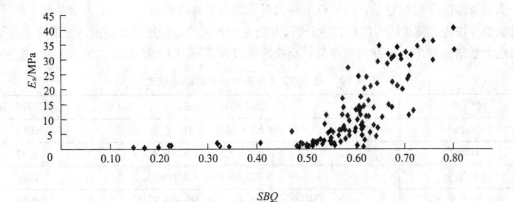

图 4.10 变形模量 *E* 与 *SBQ* 的关系

从图 6.1 可以看到重度 γ 的变化范围不大，介于 15 到 20 之间，所以尽管 R^2 小，但也可以用回归公式进行估计。而变形模量 *E* 则在 *SBQ* 为 0.6 时是一个较明显的分界点，将曲线在 *SBQ*=0.6 处分开，按两段不同曲线进行数据的回归拟合，结果如图 4.11 和图 4.12 所示。

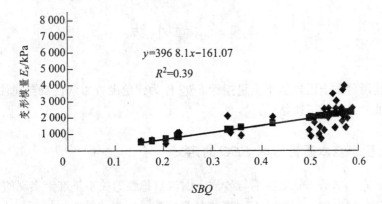

图 4.11 变形模量 E_0 与 *SBQ* 的关系（*SBQ*＜0.6）

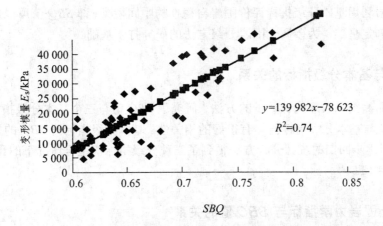

图 4.12 变形模量 E_0 与 *SBQ* 的关系（*SBQ*≥0.6）

这样，砂质土隧道围岩的每个力学指标都能通过 *SBQ* 值估算出来。也就是说，只要知道了砂质土隧道围岩的 SBQ 值，就可以估算出对应的力学参数的大小，有了力学参数，就可以通过数值方法进行隧道围岩的稳定性分析，并能进行相应的结构设计及提出适宜的施工方法。各物理力学指标与 SBQ 的回归拟合公式及决定系数 R^2 见表 4.17 所示。

表 4.17　用 SBQ 预测各物性参数的表达式

项　　目	用 SBQ 回归的公式	决定系数 R^2
C/kPa	$C = 19.67 \times SBQ - 2.387\,1$	0.10
$\tan\varphi$	$\tan\varphi = 0.940\,7 \times SBQ + 0.007\,9$	0.97
泊松比 μ	$\mu = -0.272\,8 \times SBQ + 0.499$	0.96
侧压力系数 K_0	$K_0 = -0.666\,4 \times SBQ + 0.908\,3$	0.95
重度 $\gamma/(\mathrm{kN/m^3})$	$\gamma = -1.795\,4 \times SBQ + 17.99$	0.03
变形模量 E_s/kPa	$E_s = 139\,982 \times SBQ - 78\,623\ (SBQ \geqslant 0.6)$	0.74
	$E_s = 3\,968.1 \times SBQ - 161.07\ (SBQ < 0.6)$	0.39

4.5　本章小结

本章提出利用砂质土围岩基本质量指标 SBQ 作为评价围岩力学性及自稳性的基准指标。通过室内土工试验，得到下述结论。

1. 砂质土围岩基本质量指标 SBQ 的定义

由于直接研究三个基本分级指标与砂质土围岩自稳性的关系是难于实现的，故从砂质土受力破坏的力学角度出发，参照《工程岩体分级标准》中岩体基本质量指标 BQ 的提法，提出砂质土围岩基本质量指标 SBQ 的定义，其计算公式见式（4.4）。本定义的提出，目的在于建立砂质土围岩利用基本分级指标评价围岩自稳性的中间桥梁，即 SBQ 值可以作为评定围岩自稳性的定量判定基准，为砂质土围岩分级方法的研究打下基础。

2. SBQ 与基本分级指标的关系

利用数据曲线图和数理统计分析的方法，研究了 SBQ 值与三个基本分级指标的关系。研究发现，SBQ 值与基本分级指标值具有很好的相关性。基本分级指标对 SBQ 的影响可以分为三种情况，利用逐步回归的统计分析方法得到了三种分级指标值组合情况下的预测 SBQ 值的表达式，见表 4.13。

3. 砂质土围岩力学指标与 SBQ 值的关系

利用相关分析、聚类分析的方法，研究了砂质土围岩各力学指标与 SBQ 的关系。研究表明，围岩各力学指标与 SBQ 具有良好的相关性，进一步证明利用 SBQ 是可以描述砂质土围岩的力学性能的。利用多元回归分析方法，得到了利用 *SBQ* 值来预测砂质土围岩物理力学指标的定量表达式，见表 4.17。

4. 砂质土围岩基本质量指标 *SBQ* 的工程意义

SBQ 综合指标是一个无量纲量，涵盖了砂质土的抗力及荷载效应，并且使力学强度指标值 C、φ 及 γ 有机结合在一起，避免了三指标的相互割裂。此值越大，说明围岩的基本质量越好，开挖后稳定程度越高。*SBQ* 能同时从围岩抗力和荷载效应上综合反映砂质土围岩的自稳性能，通过本次研究得到的结论，砂质土围岩分级实现了：利用现场易于获取的基本分级指标评价 *SBQ*，再利用 *SBQ* 进行自稳性分级，最后利用 *SBQ* 评定围岩力学指标的定量分级方法成为可能。

第5章
砂质土围岩自稳性研究

围岩自稳性一般在洞室的形状和尺寸相对固定的条件下，可以分为四个等级[5]，如表 5.1 所示。

表 5.1　围岩自稳性等级

自稳性等级	稳 定 情 况
长期稳定	洞室长时间稳定，不掉块，不松弛
基本稳定	洞室在较长时间内维持稳定，可能局部掉块，但不影响使用，位移在控制范围内
暂时稳定	洞室开挖后，可维持短时间稳定，然后出现掉块和松弛，需采用支护手段予以加强
不稳定	洞室开挖后，立即丧失稳定，边开挖边坍塌，需采取强力支护手段或先支后挖的支护手段予以加强

围岩自稳性可以用自稳跨度表达，对于不同围岩，自稳跨度值也是不同的。根据围岩自稳性等级划分和自稳性判据，自稳跨度可以分为 4 类，如表 5.2 所示。

表 5.2　自稳跨度分类

自稳跨度类别	定 义
长期稳定跨度	达到长期稳定等级的最大跨度
基本稳定跨度	达到基本稳定等级的最大跨度
暂时稳定跨度	达到暂时稳定等级的最大跨度
不稳定跨度	不稳定等级的最小跨度

本章就是研究所有围岩的自稳性，实际上就是要通过各种手段获得所有围岩的自稳跨度，即各种围岩的长期稳定跨度、基本稳定跨度、暂时稳定跨度、不稳定跨度。

　　围岩自稳性是由围岩的物理力学性质决定的。第 2 章和第 3 章的研究表明，影响砂质土围岩自稳性只有有限的几个主要因素，即砂质土围岩分级指标体系。实际上，砂质土围岩的自稳性不同，是由于砂质土围岩分级指标体系中各指标值的组合不同而造成的。反过来说，可以采用砂质土围岩分级指标体系中不同指标值的组合，来获得所有的砂质土围岩的自稳性。由第 3 章研究得出的基本分级指标值的组合情况（表 3.10）可以描述砂质土围岩的自稳性。

　　由于第 4 章提出的砂质土围岩基本质量指标 SBQ 能综合反映围岩的力学性能及自稳性能，故将 SBQ 作为评定基准，将指标组合进行分组，得到了砂质土围岩分组。

　　对每一组砂质土围岩进行数值模拟分析和相似模型试验验证，获得其自稳跨度，由此获得每一组砂质土围岩自稳性。

5.1　砂质土围岩自稳性机理研究

　　砂质土围岩稳定性机理，从调研资料分析看，主要从砂质土围岩在开挖过程中具有拱效应这一机理入手进行分析。

　　压力拱的产生是散体状材料地下工程中拱效应现象之一。拱结构是设计人员根据荷载确定几何形状为拱形的一种结构。拱效应是材料在受力后出现变形，为了抵抗变形而发生力传递的偏离，是材料在荷载作用下自发产生的自我调节以达到自稳的一种现象。研究岩石地下工程中的拱现象可以弄清岩体的自承载能力及硐室稳定的机理，为支护设计和隧道施工提供必要的指导[164]。地下工程中的拱效应现象早已被人们所认识，最初提出隧道开挖中存在拱效应现象的是 Kovari[165]，他通过对隧道顶部下沉的研究做出了无黏结材料中存在拱效应的推测。随后 Fayol[166]在物理实验中总结出了岩石拱（rock arch）的基本概念，得出岩石拱的存在可以减小洞室顶部变形的结论，但他的研究只针对矿井中成层分布的岩体，且研究结果仅应用于地面沉陷，没有对拱做更深一步的探讨，也没有对他所提出的拱进行定义。1907 年，俄国学者普氏学说的创立[167]，加深了对松散介质中自然平衡拱的研究。1946 年，Terzarghi[168]也通过实验证实拱效应在砂体中的存在，并对其进行了力学分析。随后，不同国家的学者对"拱效应"进行了大量的研究[169-227]。Huang[228]于 2001 年对自然拱的判别有了初步的研究。2001 年，Hsien[229]在 Terzarghi[168]用"trap door"试验方法研究了"拱效应"机理，同时参考、总结了大量前人的有关"拱效应"的研究成果，在其博士论文中，利用"光弹模型试验（photoelasticity modeling）"方法，详细研究了散体介质的成拱机理，指出了前人研究中存在的问题，进一步完善了拱效应理论。

　　文献[164]认为：压力拱是地下散体材料为抵抗不均匀变形而进行自我调节的一种现象，是荷载传递路线发生的偏离，这种现象无法用肉眼观测到，为一应力集中区域。它的主要特点是地下工程开挖后，主应力方向发生偏转，但无破裂发生。压力拱不仅存在于顶板上，也存在于两帮和底板。如果把围岩作为一种结构来看，处于压力拱中的岩体承担着自身和其上的岩体荷重，是确保其上方岩体不会塌落的一个具有拱的力学特性的结构。

　　小野谅况、周小文等利用离心试验对砂土隧道开挖后的力学形态进行了研究，改进了

Terzarghi 的砂土压力分布公式[230-232]。

总结以上国内外对砂土具有拱效应这一机理，可以得出影响砂土拱效应的三个主要因素：

(1) 埋深；

(2) 埋深与隧道跨度的比；

(3) 砂土颗粒相对密实度。

从以上研究情况可以看出，砂质土围岩不论是评定掌子面还是洞身的自稳性，都与其物理力学指标如黏聚力 C、内摩擦角 φ 和重度 γ，以及洞室的跨度及埋深有关。由于本项目主要针对双车道公路隧道围岩自稳性进行研究，所以不用考虑跨度的影响。砂质土隧道开挖过程中会具有"拱效应"：当深埋时，不受埋深影响；当浅埋时，要考虑埋深的影响。

5.2 隧道失稳位移判据探讨

隧道结构失稳前，特别是临界状态下，其应力、应变、位移、声发射等物理量要发生不同于稳定时期的变化，这种变化可用于失稳预测。在以往的工程中，以上各种方法在工程中都有应用，有成功的，也有不成功的。

日本隧道标准规范（山岭篇）及解释指出："从岩石力学观点看，开挖工作面附近地段是不稳定的。在这里围岩的活动很明显，因此，开挖工作面附近的观察、量测应作为重点，观察、量测结果的整理应不失时机地迅速进行，并将结果立即反映到设计、施工中去是必要的。"从中可看出，日本的规范着重强调了在开挖后的支护初期通过围岩变形量测加以判断围岩稳定性的必要性。美国"隧道衬砌设计指南"也指出：在观测过程中，应该把重点放在地层条件和施工措施的直接视觉鉴别上和细微记录上，并力求详细。这些规定表明，国外的一些规范或指南，已经认识到了应用围岩变形量测资料判明围岩稳定性，必须紧密联系量测断面的地质和施工状况。但以上规定都缺乏具体的指标。

隧道围岩稳定性是隧道围岩和支护结构系统保持稳定状态的能力，其稳定状态体现为隧道围岩变形速率呈递减趋势并逐渐趋近于零，而失稳状态表现为围岩变形速率呈递增趋势，最终超过极限位移。目前隧道施工监测动态以位移为依据的判别分别是容许极限位移量、位移变化率、位移加速度和变形速率比值判别。

容许极限位移量是指保证隧道不产生有害松动和保证地表不产生有害下沉量的条件下，自隧道开挖起到变形稳定为止，在起拱线位置的隧道壁面间水平位移总量的最大容许值，也有用拱顶的最大容许下沉量表示的。在隧道开挖的过程中，若发现量测到的位移总量超过容许极限值，或者根据已测位移加以预测的围岩稳定时的位移将超过极限值，则意味着围岩位移超限，支护系统必须加强，否则有失稳的危险。

以围岩位移为判据的关键和难点在于围岩的容许位移或极限位移量的确定，在有些情况下，围岩位移达几十毫米（未达到容许位移值），隧道就出现了塌方，而在有些情况下，围岩位移达数百毫米，也不出现塌方。目前，容许极限位移量的确定国内外尚无统一的标准。法国 M.Louis 提出最大容许位移随埋深而异，约为埋深的 1/1 000。奥地利的阿尔贝格隧道，净空变化的允许值为隧道半径的 10%，或锚杆长度的 10%，最好控制在 30 mm 以内。日本"新奥法设计施工技术指南草案"提出按围岩类别的允许净空收敛值。

我国《铁路隧道设计规范》中也规定了单线铁路和双线铁路隧道初期支护极限相对位移，其中拱顶相对下沉数值要比拱脚的小。在围岩较好时，"铁规"数值和用有限元计算所得的数值差不多，围岩较差时，"铁规"数值和用有限元计算的有较大差别。当埋深较大时，计算数值与实际相差较大。

日本学者的研究表明，容许变形量的上限值一般为：岩石地层 1.5%，土砂地层 4%。当变形量超过 2% 时（岩石地层），一部分支护构件开始屈服，失去支承作用，支护结构失稳，需要更换支撑，因此施工困难。在日本的折爪隧道进行的测量表明，当拱顶和侧壁的内空相对位移各自超过 200 mm 和 300 mm 时，就需要更换支撑了，这时的位移量与隧道开挖跨度的比值为 2%。

容许位移量的确定并不是一件容易的事情，它是隧道所处地质条件、隧道埋深、断面形状尺寸及初期支护性状等多种因素决定的，在实际应用中，应根据工程实际经验和工程施工进展情况使用。对于高地应力和完整的硬岩，失稳时的围岩变形量往往较小，而对于软弱围岩和膨胀性围岩，数据往往较大。

对于砂质土及碎石土等呈散体状的围岩，利用岩质或黏土质围岩的容许位移判断准则显然不能满足其开挖稳定状态。目前对砂质土及碎石土围岩稳定性的研究，围岩极限位移量一般通过理论分析、数值计算、现场量测和室内试验来确定。

从日本的围岩分级方法中可以得到启示，就是用易于在勘察中得到的物性指标如密实程度、细粒含量及细粒含水量等来评价砂质土围岩的自稳性。用物性指标来评价砂质土围岩的力学指标，进行间接评价隧道围岩的自稳性，是目前研究的热点，也是围岩分级研究的一个趋势。

为此，进行了大量小试件的土工试验研究，找到了用砂质土物性指标如密实程度（用相对密实度反映）、细粒含量及细粒含水量三个指标来评价砂质土力学性质的规律，从力学指标的角度初步提出了砂质土围岩的自稳性分组；通过对各组别对应的界限力学参数的数值模拟计算，分析了所确定的砂质土围岩对应的开挖后的自稳性；最后通过相似模型试验，进行了验证分析，得出了最终的砂质土围岩自稳性分组。

5.3　砂质土围岩自稳性分组

砂质土围岩分组，就是将力学性能或自稳性能相同的不同指标值组合分在一个组别里。

下面分析以上各种组合的分组情况，即根据一定的准则，将力学性质相近的不同组合分在同一组别中，每一组别由于其力学性质相近，因而可以初步认为对应的围岩自稳性相同。

分级指标值组合分组的关键是找到一个分组的评定基准，该基准应能综合反映围岩的自稳能力。由于砂质土围岩基本质量指标 *SBQ* 能综合反映围岩的力学性能及自稳性能，故将

SBQ 作为评定基准，将指标组合进行分组，得到了砂质土围岩分组。

根据附录的数据，将表 4.12 中每种组合对应的指标组合下的 *SBQ* 值进行统计分析。附录中所有 225 个 *SBQ* 值的大小可以用图 5.1 来反映。

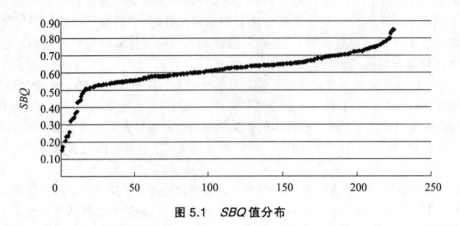

图 5.1 *SBQ* 值分布

从图 5.1 可以看到，*SBQ* 值在 0.7 和 0.5 处是明显的分界趋势，而当 *SBQ* 在 0.5 至 0.7 范围内则分布较均匀。因此，为便于研究，将 *SBQ* 为 0.5、0.6 及 0.7 作为分界点，则 *SBQ* 值的分布可以分为 4 个组别。

由以上分析，可以得出砂质土围岩 *SBQ* 判别标准见表 5.3。

表 5.3 砂质土围岩 *SBQ* 判别标准

围岩组别	*SBQ*
1	≥0.7
2	0.6～0.7
3	0.5～0.6
4	<0.5

SBQ 的每个组别对应的指标值组合号（表 3.10）及 *SBQ* 值统计结果见表 5.4。

表 5.4 砂质土围岩分级指标组合对应的 *SBQ* 值统计

组别	对应组合号	*SBQ* 值分布情况		
		最大值	最小值	平均值
1	1, 9	0.85	0.70	0.77
2	2, 5, 10, 11, 13, 15	0.75	0.59	0.67
3	3, 6, 7, 12, 14, 16	0.64	0.51	0.57
4	4, 8, 17	0.59	0.16	0.46

将表 5.4 所示 *SBQ* 值分布情况用散点图反映，如图 5.2～5.5 所示。

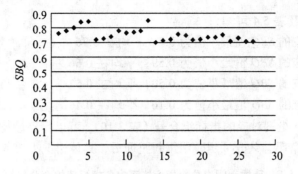

图 5.2　1 组围岩对应 *SBQ* 值分布图

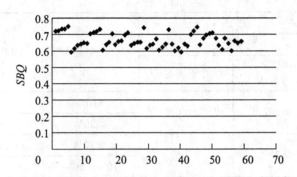

图 5.3　2 组围岩对应 *SBQ* 值分布图

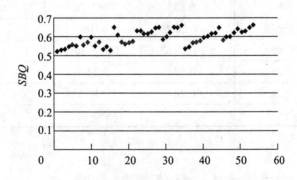

图 5.4　3 组围岩对应 *SBQ* 值分布图

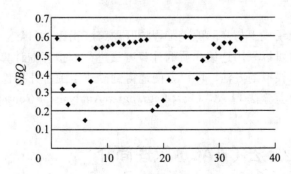

图 5.5　4 组围岩对应 *SBQ* 值分布图

综合图 5.2~5.5 及表 5.4 可知：

（1）1 组围岩对应的 SBQ 值最小值为 0.7，平均在 0.76 左右；

（2）2 组围岩对应的 SBQ 值最小值为 0.59，平均在 0.66 左右；

（3）3 组围岩对应的 SBQ 值最小值为 0.50，平均在 0.57 左右；

（4）4 组围岩对应的 SBQ 值最小值为 0.16，平均在 0.46 左右。

根据表 5.4 中每一组别对应的指标组合号（表 3.10），可以得到砂质土围岩分级指标体系中各指标值组合分组情况，共分 4 组，经重新整理后，具体情况见表 5.5 所示。

表 5.5　砂质土围岩分级指标体系中各指标值组合分组情况

指标值组合					组别
密实程度			细粒含量 W	细粒含水量 W_L	
定性描述	定量指标				
	标准贯入锤击数 N	相对密实度 D_r			
密实	≥ 30	≥ 0.67	$<10\%$	—	1
			$\geq 30\%$	$\leq 18.75\%$	
密实	≥ 30	≥ 0.67	$\geq 30\%$	$18.75\% \sim 43.29\%$	2
			$10\% \sim 30\%$	—	
密实至中密	$15 \sim 30$	$0.33 \sim 0.67$	$<10\%$	—	
密实以下	<30	<0.67	$\geq 30\%$	$\leq 18.75\%$	
中密至稍密	$10 \sim 15$	$0.33 \sim 0.20$	$<10\%$	—	3
稍密至密实	$10 \sim 30$	$0.20 \sim 0.67$	$10\% \sim 30\%$	—	
密实以下	<30	<0.67	$\geq 30\%$	$18.75\% \sim 43.29\%$	
稍密以下	<10	<0.20	$<30\%$	—	4
—	—	—	$\geq 30\%$	$\geq 43.29\%$	

5.4　数值模拟分析

由于砂质土的颗粒组成上与实际隧道工程的开挖跨度相比，可以近似认为围岩为连续体。这就说明，砂质土围岩可以采用连续介质的计算方法进行模拟开挖计算。在缺乏现在实测数据的情况下，利用数值模拟的方法，可以方便地得到砂质土围岩开挖稳定状态。

本次分析采用有限差分法 FLAC（Fast Lagrangian Analysis of Continua）进行计算模拟。

5.4.1　有限差分法（FLAC）原理简介

FLAC 连续介质快速拉格朗日法，是一个广义地质力学的数学模型，使用显式有限差分法来求解运动基本方程。在平面问题分析中，它把所模拟的区域、物体划分为许多二维单元，单元之间以节点相互连接。在一个节点施加荷载之后，该节点可以写成时间步长的有限差分形式。在一个微小的时间段内，在该节点上力的作用仅仅对它的相邻节点有影响。通过单元节点速度变化和时段 Δt，可以求出单元节点之间的相对位移，同时利用高斯定理求出单元应变增量；再利用材料本构方程就可求出单元应力增量。随着时间段的增长，这一过程扩散至整个计算区域。

FLAC 将算出单元之间的不平衡力，然后将此不平衡力重新加到各节点上，进一步进行迭代运算，直到不平衡力足够小或各节点收敛速度趋于零，而位移趋于常数为止。

通常，有两种方法用来作为数值方法求解特殊问题的运动方程的依据。隐式方法（用于许多求解静力学问题的数值方法中）是一次解出全部节点的未知量，即必须建立起一个线性方程组，这一方程组给出了所有未知量与已知量间的关系，例如在有限元方法中的通过形成整体刚度矩阵而建立起节点力与节点位移之间的关系。与隐式方法不同，FLAC 程序采用显式方法来求解岩土工程问题。

对于岩土材料而言，显式方法的一个非常重要的方面是它很容易引入材料的非线性本构关系。对于遵循非线性 $\sigma\text{-}\varepsilon$ 关系的材料来说，不需要进行迭代计算（迭代计算容易在求解过程中造成较大的累计误差）；相应于某一给定的应变增量 $\Delta\varepsilon$ 的应力增量 $\Delta\sigma$，可以在给定的区域内按实际发生的那样，指定使其符合非线性本构方程。因此，采用 FLAC 求解非线性问题，可以遵循它实际的物理模式，而不是取决于迭代方法的敏感性。客观上，岩土材料在其性质较软弱或者地应力较高时常常会发生屈服和破坏，例如，在开挖期间边墙发生坍塌，而其余部分仍然稳定的隧道，采用隐式方法程序计算时，它所有的节点都是关联的，在矩阵求逆时，可能发生数值不稳定，而显式方法程序就不会存在这种情况。

FLAC 程序所用的显式计算循环，对每一时间步长都要对网格中的每一个节点求解运动方程。在非平衡状态，各节点上的力是不平衡的，根据失衡力的大小以及集中于节点上的单元质量，可以推得节点上加速度的提高。对加速度的积分可以得出节点的速度，进而得以确定节点的应变的增量。把应变引入本构方程以确定相应区域中的应力增量，一旦应力增量确定下来，通过对周围节点上的各力的求和，便可确定该时段的失衡力。以上计算周期每个时间步长重复一次[233]。

5.4.2　砂质土围岩洞室破坏的理论依据

在围岩中开挖半径为 r_0 的圆形坑道后，其二次应力状态可用弹性力学中的基尔西（G. Kirsch）公式表示围岩中任一点的位移为[234, 235]：

$$\begin{cases} u = \dfrac{(1+\mu)\sigma_z}{2E} r_0\alpha\left\{(1+\lambda)+(1-\lambda)\left[4(1-\mu)-\alpha^2\right]\cos 2\varphi\right\} \\ v = -\dfrac{(1+\mu)\sigma_z}{2E} r_0\alpha(1-\lambda)\left[2(1-2\mu)+\alpha^2\right]\sin 2\varphi \end{cases} \tag{5.1}$$

式中　r, φ ——围岩内任一点的极坐标（极径与极角）；

　　　r_0 ——洞室跨度；

　　　α —— $\alpha = r_0 / r$ ；

σ_z——初始地应力；

μ, E——围岩的泊松比、弹性模量。

由式（5.1）可得洞室周边（即 $\alpha = 1$）的位移为：

$$\begin{cases} u_{r_0} = \dfrac{(1+\mu)\sigma_z}{2E} r_0 \left[(1+\lambda) + (3-4\mu)(1-\lambda)\cos 2\varphi \right] \\ v_{r_0} = -\dfrac{(1+\mu)\sigma_z}{2E} r_0 (3-4\mu)(1-\lambda)\sin 2\varphi \end{cases} \tag{5.2}$$

由式（5.2）可以看出，当围岩条件一定时，在弹性范围内，洞室周边最大位移与开挖跨度成正比。

以此为理论基础，利用有限差分的方法，研究根据力学指标值大小所划分出的围岩组别的自稳性。计算的思路是，在同一围岩条件下，进行从小到大不同跨度的开挖，每次开挖稳定后，记录其洞周的最大位移，接着进行下一跨度的开挖模拟。

进行了各组砂质土围岩的不同跨度开挖自稳性的数值模拟计算，根据分组情况，共进行了 58 组计算，具体情况见表 5.6。

表 5.6 计算情况

组别	计算跨度	跨度个数
1	2～11 m（每 0.5 m 一个），12 m，13 m	21
2	0.5～7.5 m（每 0.5 m 一个）	16
3	0.5～5 m（每 0.5 m 一个）	11
4	0.5～4.5 m（每 0.5 m 一个）	10
合计	58	

在有限差分法计算中，每一组别的围岩分为深埋与浅埋两种情况。对于跨度在 2 m 以上的，深埋埋深取 50 m 左右，浅埋埋深取 20 m 左右；当需要计算跨度在 2 m 以下时，深、浅埋埋深分别取 10 m 和 2 m。这样做的目的是保持埋深与跨度比值基本不变。计算域左右边界宽度取开挖跨度的 5 倍，下部取跨度的 4 倍；对模型的左右边界约束水平变形，底部约束竖向变形；网格划分时，在坑道周围网格较密，离坑道越远越稀疏，坑道在现行公路隧道设计中采用的断面形状基础上，尽量使之接近圆形，围岩建模情况如图 5.6～5.11 所示。

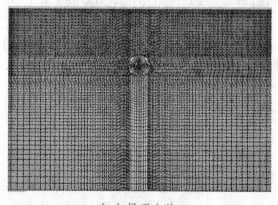

（a）模型全貌

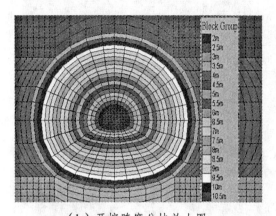

（b）开挖跨度分块放大图

图 5.6　浅埋建模（2～11 m 开挖跨度）

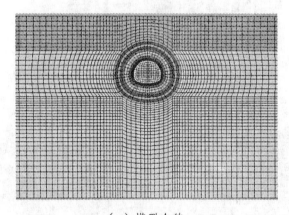

（a）模型全貌

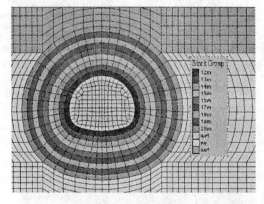

（b）开挖跨度分块放大图

图 5.7　浅埋建模（11～20 m 开挖跨度）

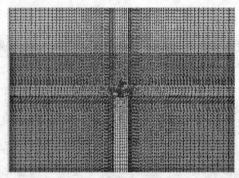

（a）模型全貌

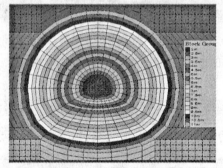

（b）开挖跨度分块放大图

图 5.8　深埋建模（2～11 m 开挖跨度）

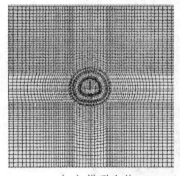

（a）模型全貌

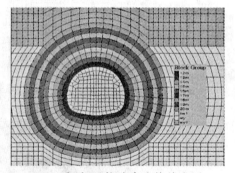

（b）开挖跨度分块放大图

图 5.9　深埋建模（11～20 m 开挖跨度）

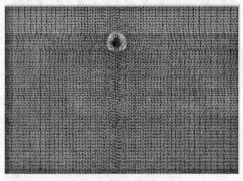

（a）模型全貌

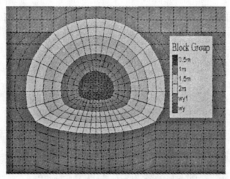

（b）开挖跨度分块放大图

图 5.10　浅埋建模（0.5～2 m 开挖跨度）

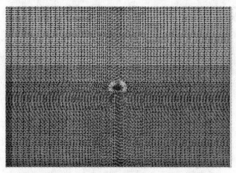

（a）模型全貌

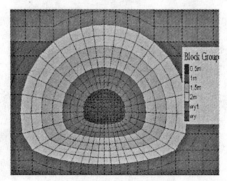

（b）开挖跨度分块放大图

图 5.11　深埋建模（0.5～2 m 开挖跨度）

　　计算参数选择是根据附录所得的试验结果通过统计得到，见表 5.7。

表 5.7　力学参数取值

组别	物理力学参数取值范围	力　学　参　数　取　值				
		重度 $\gamma/(kN/m^3)$	变形模量 E_0/GPa	泊松比 μ	内摩擦角 $\varphi/°$	黏聚力 C/MPa
1	上限	17	0.040	0.27	40	0.027
	下限	17	0.020	0.30	33	0.012
2	下限	18	0.015	0.33	30	0.015
3	下限	18	0.010	0.36	25	0.010

在表 5.7 中，1 组下限相当于 2 组上限力学参数，2 组下限相当于 3 组上限，3 组下限相当于 4 组上限，这样计算就基本包括了 4 组围岩的稳定性情况。

5.4.3 计算结果及分析

为研究根据力学指标值大小所划分出的围岩级别的稳定性，利用有限差分法（FLAC），根据表 4.15 的分组情况，进行了各级砂类土隧道围岩的不同跨度开挖稳定性的数值模拟计算。为说明问题，同时由于篇幅所限，将 1 组上限浅埋情况、1 组下限深埋情况的不同跨度下围岩稳定时得到的最大位移云图示于图 5.12 和图 5.13。

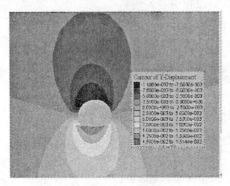

（a）2 m 跨度

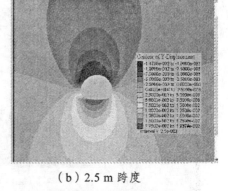

（b）2.5 m 跨度

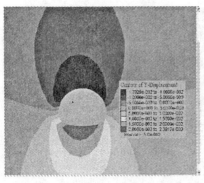

（c）3 m 跨度

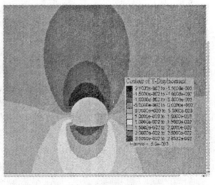

（d）3.5 m 跨度

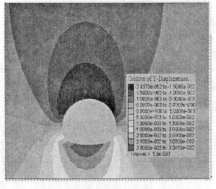

（e）4 m 跨度

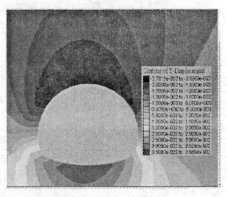

（f）4.5 m 跨度

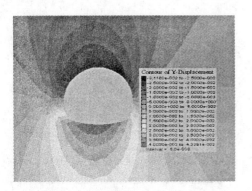

（g）5 m 跨度

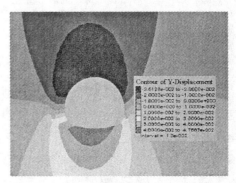

（h）5.5 m 跨度

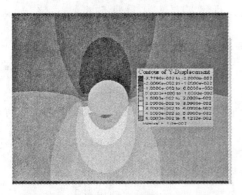

（i）6 m 跨度

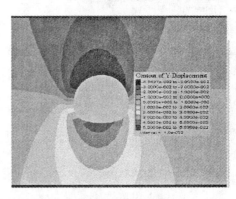

（j）6.5 m 跨度

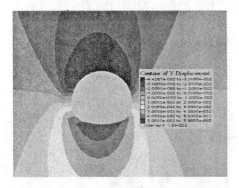

（k）7 m 跨度

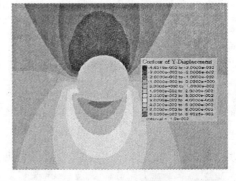

（l）7.5 m 跨度

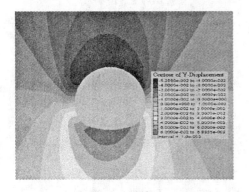

（m）8 m 跨度

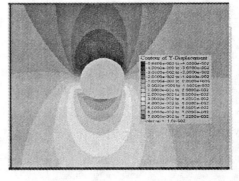

（n）8.5 m 跨度

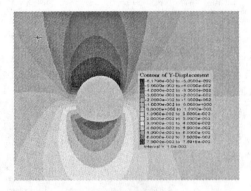

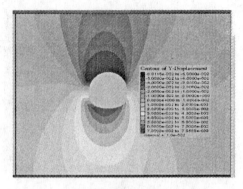

（o）9 m 跨度

（p）9.5 m 跨度

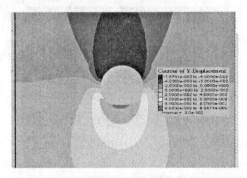

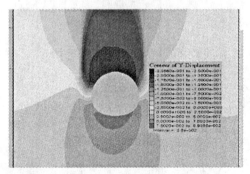

（q）10 m 跨度

（r）11 m 跨度

图 5.12　1 组上限围岩不同开挖跨度的自稳性（浅埋，开挖跨度为 2～11 m）

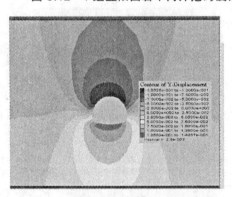

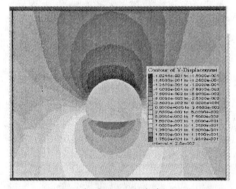

（a）2 m 跨度

（b）2.5 m 跨度

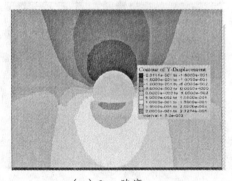

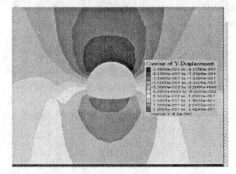

（c）3 m 跨度

（d）3.5 m 跨度

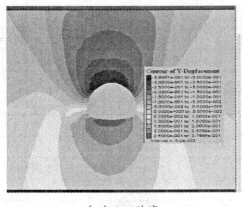
（e）4 m 跨度

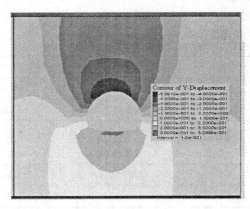
（f）4.5 m 跨度

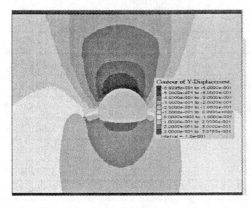
（g）5 m 跨度

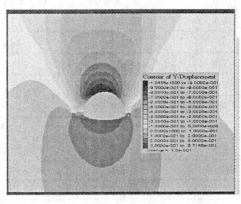
（h）5.5 m 跨度

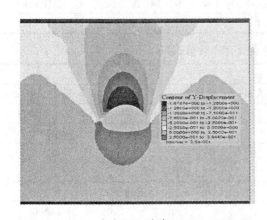
（i）6 m 跨度

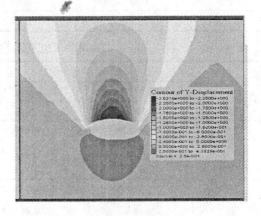
（j）6.5 m 跨度

图 5.13　1 组下限围岩不同开挖跨度的自稳性（深埋，开挖跨度为 2～11 m）

　　所有计算结果见表 5.8～5.11，每组最大计算位移与开挖跨度的关系如图 5.14～5.17 所示。

表 5.8 1 组上限计算结果

开挖跨度/m	埋深 50 m		埋深 20 m	
	拱顶最大位移/cm	拱底最大位移/cm	拱顶最大位移/cm	拱底最大位移/cm
2.0	4.182 3	4.000 0	1.188 0	1.514 4
2.5	5.227 8	5.556 0	1.473 8	1.937 9
3.0	6.443 7	6.740 0	1.792 9	2.391 7
3.5	7.703 3	8.000 0	2.103 2	2.853 2
4.0	8.915 7	9.432 2	2.437 3	3.345 0
4.5	10.221 0	10.404 0	2.761 5	3.848 4
5.0	11.602 0	11.378 0	3.116 0	4.329 1
5.5	13.229 0	12.320 0	3.512 8	4.766 7
6.0	14.574 0	13.043 0	3.778 9	5.123 2
6.5	16.214 0	13.778 0	4.043 7	5.506 9
7.0	18.199 0	14.698 0	4.428 7	5.958 5
7.5	19.855 0	15.567 0	4.831 9	6.402 5
8.0	21.700 0	16.399 0	5.255 0	6.833 5
8.5	23.531 0	17.154 0	5.680 9	7.225 0
9.0	26.155 0	17.961 0	6.179 6	7.591 8
9.5	30.005 0	18.720 0	6.811 5	7.955 3
10.0	35.018 0	19.502 0	7.879 1	8.347 4
10.5	39.577 0	20.162 0	9.929 0	8.745 7
11.0	45.801 0	21.095 0	23.660 0	8.998 5
12.0	104.340 0	37.647 0	448.840 0	16.108 0
13.0	123.000 0	43.113 0		

表 5.9 1 组下限（2 组上限）计算结果

开挖跨度/m	埋深 50 m		埋深 20 m	
	拱顶最大位移/cm	拱底最大位移/cm	拱顶最大位移/cm	拱底最大位移/cm
2.0	8.902 1	9.648 8	2.672 1	2.920 5
2.5	12.064 0	12.625 0	3.423 0	3.667 5
3.0	15.098 0	16.273 0	4.275 2	4.480 7
3.5	18.830 0	17.346 0	5.194 9	5.317 5
4.0	23.082 0	19.038 0	6.220 9	6.092 2
4.5	29.164 0	20.886 0	7.509 7	6.886 6
5.0	39.240 0	22.936 0	9.286 8	7.662 4
5.5	50.452 0	24.815 0	12.606 0	8.416 9
6.0	61.925 0	26.183 0	19.492 0	9.135 6
6.5	78.739 0	27.581 0	48.343 0	9.729 5
7.0	140.740 0	29.921 0	138.210 0	9.562 3
7.5	286.510 0	31.448 0		

表 5.10　2 组下限（3 组上限）计算结果

开挖跨度/m	埋深 50 m（0.5～2 m 跨度埋深分别为 10 m）		埋深 20 m（0.5～2 m 跨度埋深分别为 2 m）	
	拱顶最大位移/cm	拱底最大位移/cm	拱顶最大位移/cm	拱底最大位移/cm
0.5	1.032 3	1.030 8	0.205 3	0.224 7
1.0	1.824 4	1.715 5	0.297 5	0.383 5
1.5	2.625 8	2.392 6	0.345 3	0.521 8
2.0	3.502 5	3.032 2	0.402 7	0.669 1
2.0	22.143 0	23.016 0	7.000 0	6.780 7
2.5	29.997 0	33.081 0	9.780 7	8.793 4
3.0	39.293 0	39.475 0	13.072 0	10.629 0
3.5	52.366 0	41.765 0	17.872 0	11.974 0
4.0	67.872 0	46.028 0	26.012 0	13.369 0
4.5	90.012 0	50.433 0	42.542 0	15.097 0
5.0	125.600 0	56.329 0	113.160 0	15.973 0

注：0.5～2 m 开挖跨度对应的埋深分别为 10 m 和 2 m。

表 5.11　3 组下限（4 组上限）计算结果

开挖跨度/m	埋深 50 m（0.5～2 m 跨度埋深分别为 10 m）		埋深 20 m（0.5～2 m 跨度埋深分别为 2 m）	
	拱顶最大位移/cm	拱底最大位移/cm	拱顶最大位移/cm	拱底最大位移/cm
0.5	2.196 4	1.935 8	0.275 7	0.296 5
1.0	4.117 8	3.118 6	0.420 0	0.504 5
1.5	6.477 1	4.354 1	0.555 3	0.709 8
2.0	10.373 0	5.640 0	0.795 4	0.940 2
2.0	64.559 0	51.145 0	28.295 0	15.428 0
2.5	61.530 0	74.354 0	44.146 0	20.959 0
3.0	87.010 0	89.033 0	76.997 0	23.316 0
3.5	113.890 0	95.024 0	135.590 0	24.804 0
4.0	145.200 0	93.379 0		
4.5	193.150 0	96.576 0		

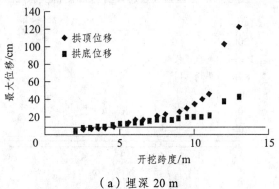

（a）埋深 20 m

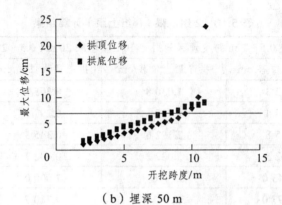

（b）埋深 50 m

图 5.14　1 组最大位移与开挖跨度的关系

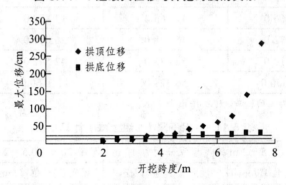

（a）埋深 20 m

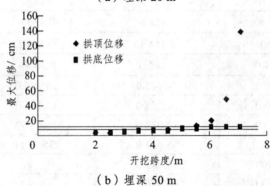

（b）埋深 50 m

图 5.15　2 组最大位移与开挖跨度的关系

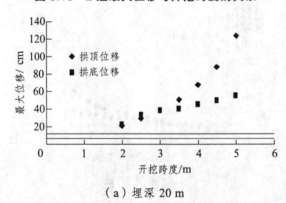

（a）埋深 20 m

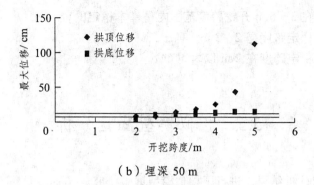

（b）埋深 50 m

图 5.16　3 组最大位移与开挖跨度的关系

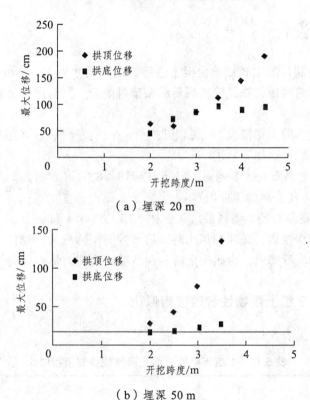

（a）埋深 20 m

（b）埋深 50 m

图 5.17　4 组最大位移与开挖跨度的关系

从图 5.14 的曲线可以看出，1 组上限在开挖跨度深埋时 7 m 范围、浅埋时 9 m 范围内，最大位移与跨度呈直线关系，说明 1 组上限围岩 7～9 m 在开挖跨度范围内是基本稳定的；从图 5.15 可以看出，1 组下限（2 组上限）在 5～6 m 开挖跨度范围内是基本稳定的，超过上述跨度，最大位移则显著增大，说明围岩已不能保持稳定。

根据以上分析方法，从图 5.16 和图 5.17 可以知道：2 组下限（3 组上限）的稳定跨度是 3～4 m；3 组下限（4 组上限）的稳定跨度是 2 m 以内。

根据以上分析，由以上计算结果表明：

（1）1 组围岩，在 5～7 m 开挖跨度范围内是基本稳定的；

（2）2 组围岩，在 3~5 m 开挖跨度范围内是基本稳定的；

（3）3 组围岩，稳定跨度是 2~3 m；

（4）4 组围岩，稳定跨度在 2 m 以内。

5.5　相似模型试验分析

为验证以上数值分析结果，进行了相似模型试验研究。

5.5.1　试验设计

全部试验在专门制作的立式试验台架上进行，试体尺寸为 3 m×3 m×0.4 m，为了减少试验槽与相似围岩之间的摩擦，在试验槽四周粘贴塑料薄膜，塑料薄膜为双层，层间涂以流动油质。

为测试围岩开挖后的变形情况，在隧道开挖后，在拱顶及拱肩部位安设了百分表等装置。所用的相似材料配合比如下所述。

1 号相似材料：重晶石粉：普通砂：凡士林＝10：8：1（重量比，其中普通砂指粒径为 0.16~2 mm 的河砂，凡士林为工业用）。

2 号相似材料：重晶石粉：普通砂：凡士林＝10：8：1.5（同上）。

根据砂质土的工程性质，选取相似比时，第一控制指标应为内摩擦角，第二控制指标为黏聚力，第三指标为变形模量。由此确定的各种情况的物理力学指标的相似比如下所述。

1. 1 组下限或 2 组上限物性参数值相似比

各参数的相似比见表 5.12。

表 5.12　1 组下限或 2 组上限物性参数值相似比

砂质土围岩级别	力学参数取值				
	重度 γ /（kN/m^3）	变形模量 E / GPa	泊松比 μ	内摩擦角 φ / °	黏聚力 C / MPa
1 组下限或 2 组上限物性参数值	17	0.020	0.3	33	0.015
干密度为 2.0 g/cm^3 的 1 号材料各物性参数值	20	0.001 416	0.34	30.1	0.001 2
对应的相似比	0.85	14.1	0.88	1.1	12.5

由于几何相似比、重度相似比与应力相似比三者的关系为几何相似比=应力相似比/重度相似比，考虑到砂质土的力学性质以黏聚力为主，所以由以上物理力学指标的相似比确定的几何相似比为 12.5/0.85＝14.7。

2. 2 组下限或 3 组上限物性参数值相似比

各参数的相似比见表 5.13。

表 5.13 2 组下限或 3 组上限物性参数值相似比

砂质土围岩级别	力学参数取值				
	重度 γ / (kN/m³)	变形模量 E / GPa	泊松比 μ	内摩擦角 φ / °	黏聚力 C / MPa
2 组下限或 3 组上限物性参数值	17	0.015	0.33	30	0.012
干密度为 1.9 g/cm³ 的 1 号材料各物性参数值	19	0.001 25	0.33	29.2	0.001 1
对应的相似比	0.89	12.1	1	1.03	11

由以上物理力学指标的相似比确定的几何相似比为 11/0.89＝12.3。

3. 3 组下限或 4 组上限物性参数值相似比

各参数的相似比见表 5.14。

表 5.14 3 组下限或 4 组上限物性参数值相似比

砂质土围岩级别	力学参数取值				
	重度 γ / (kN/m³)	变形模量 E / GPa	泊松比 μ	内摩擦角 φ / °	黏聚力 C / MPa
3 组下限或 4 组上限物性参数值	18	0.01	0.36	25	0.01
干密度为 1.8 g/cm³ 的材料各物性参数值	18	0.001 07	0.34	25.1	0.001 24
对应的相似比	1	9.34	1.06	1.03	8

由以上物理力学指标的相似比确定的几何相似比为 8/1＝8。

4. 4 组平均物性参数值相似比

各参数的相似比见表 5.15。

表 5.15 4 组平均物性参数值相似比

砂质土围岩级别	力学参数取值				
	重度 γ / (kN/m³)	变形模量 E / GPa	泊松比 μ	内摩擦角 φ / °	黏聚力 C / MPa
4 组围岩物性参数值	18	0.01	0.36	24	0.008
干密度为 1.7 g/cm³ 的 2 号材料各物性参数值	17	0.001	0.35	24	0.001
对应的相似比	1	10	1.06	1	8

由以上物理力学指标的相似比确定的几何相似比为 8/1＝8。

5.5.2 试验结果及分析

为了验证以上计算结果，进行了 7 组模型试验，具体情况见表 5.16，埋深相当于原型 20 m。

表 5.16 模型试验组数

组别	原型跨度/m	
1	3.7	7.4
2	7.4	—
3	3.0	5.0
4	2.0	3.0

1. 1 组下限或 2 组上限试验情况

用干密度为 2.0 g/cm³ 的 1 号相似材料来模拟 1 组下限或 2 组上限时，隧道模型开挖跨度为 25 cm 和 50 cm（相当于原型的 3.7 m 和 7.4 m），从试验开挖情况看，跨度 7.4 m 时可以暂时稳定，试验过程及情况见图 5.18 和图 5.19。

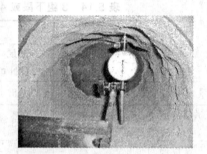

图 5.18 1 组相当于原型跨度 3.7 m 的试验情况

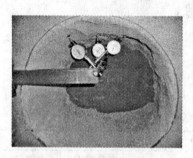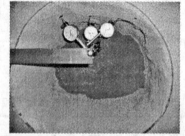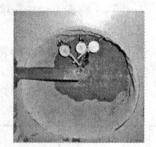

图 5.19 1 组相当于原型跨度 7.4 m 的试验情况

2. 2 组下限或 3 组上限试验情况

试验模型直接开挖了 40 cm 的跨度，相当于原型的 5 m 跨度。从试验开挖看，在开挖后不久洞身一侧发生了很小范围的掉土，在该开挖跨度下可以暂时稳定，试验情况及过程见图 5.20。

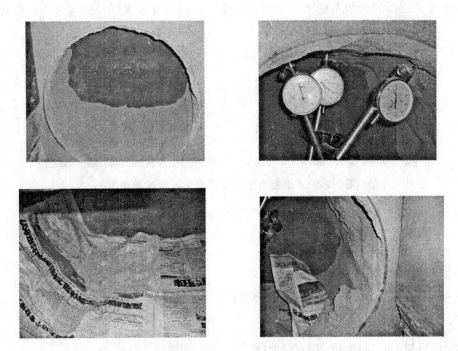

图 5.20　2 组相当于原型跨度 5 m 的试验情况

3. 3 组下限及 4 组上限试验情况

模型试验开挖跨度为 37.5 cm，相当于原型的 3 m 跨度：当掘进 10 cm 时，洞室基本稳定；当掘进 15 cm 时，洞顶上方就开始发生坍塌；继续掘进，坍方更加严重。以上试验情况说明，3 组下限或 4 组上限的砂质土围岩开挖跨度为 3 m 时，能暂时稳定，如不及时支护，后期开挖会导致大规模的塌方，浅埋时要塌至地表。开挖试验情况见图 5.21。

图 5.21　3 组相当于原型跨度 3 m 的试验情况

4. 4 组一般围岩条件下开挖稳定情况

模型试验开挖跨度为 25 cm，相当于原型的 2 m 跨度时，砂质土围岩不能自稳。从开挖情况看，当开挖掘进 8 cm 时，洞顶上方就开始发生坍塌，继续掘进，坍方更加严重。以上试验情况说明，4 组围岩一般条件下完全不能自稳，开挖会导致大规模的塌方，试验过程见图 5.22。

图 5.22　4 组相当于原型跨度 2 m 的试验情况

试验结果表明，各组砂质土围岩的稳定情况如下：

（1）1 组围岩，7 m 跨度可暂时稳定；

（2）2 组围岩，3.7 m 跨度可基本稳定；

（3）3 组围岩，3 m 跨度可暂时稳定；

（4）4 组围岩，2 m 开挖跨度不能保持稳定。

5.5.3　各组自稳性评价结果

根据综合数值分析和模型试验结果，从保守考虑，得各组砂质土围岩的自稳性情况如表 5.17 所示。

表 5.17　砂质土围岩各组自稳性

组别	自　稳　性
1	小于 5 m 跨度可基本稳定
2	小于 4 m 跨度可基本稳定
3	3 m 开挖跨度可暂时稳定
4	不能自稳

5.6　本章小结

通过本章对砂质土围岩的自稳性研究，得到下述结论。

1. 砂质土围岩自稳性分组

利用 *SBQ* 值作为指标值组合分组的基准，根据 *SBQ* 值的分布情况，将其分为 4 个组别，并由此提出砂质土围岩判别基准，见表 5.3。根据表 5.3，将 17 种指标组合分为对应的 4 个组别。由于每个组别对应的围岩力学性能相同，所以认为砂质土围岩自稳性共可分为 4 组，则得到了砂质土围岩自稳性与各指标值组合对应关系，见表 5.5。

2. 砂质土围岩自稳性评价

以弹性力学中洞室开挖跨度与洞室周边位移的基尔西公式为理论依据，通过有限差分法数值模拟，并经相似模型试验验证，得到了各组砂质土围岩开挖基本稳定跨度，见表 5.17。

第 6 章
砂质土围岩分级方法研究

围岩分级方法研究，必须解决两个重要问题，第一是围岩分级标准问题，第二是围岩综合指标的确定方法问题。

· 围岩分级标准问题

由于隧道所处围岩有岩质、土质之分，千差万别，种类繁多，因此，必须根据围岩分级的目的，制定出统一的围岩分级标准，这样才能保证各种类型的围岩在分级上保持一致，可见，围岩分级标准必须反映围岩本质特性。

第 5 章研究表明，围岩自稳性是围岩本质特性的反映，因此，应以围岩的自稳性为指标，制定出统一的围岩分级标准。

对围岩的自稳性研究表明，围岩自稳跨度是围岩自稳性的综合反映，为此，可以根据围岩自稳跨度制定统一的围岩分级标准。该标准实际上是围岩分级的理论标准。

围岩自稳跨度是一个理论值，在实际隧道中，获得这个值是困难的。为了便于实际应用，应结合砂质土围岩的分级指标体系，通过深入研究，建立围岩自稳跨度与围岩分级指标体系中的各指标值组合之间的关系，最终获得用围岩分级各指标值组合表达的围岩分级标准。该标准就是围岩分级的实用标准。

围岩分级指标体系中的各指标值组合方式有两种，一种是定性组合方式，一种是定量组合方式。与此对应，将形成围岩定性分级标准和围岩定量分级标准。

由此可见，围岩分级标准建立分为两个步骤：

第一步，围岩分级理论标准建立。就是建立围岩统一的分级标准，目的是保证所有围岩（岩质围岩和土质围岩）在分级上保持一致，采用的参数为围岩自稳性，即围岩自稳跨度值。围岩自稳跨度包括四类，即长期稳定跨度、基本稳定跨度、暂时稳定跨度、不稳定跨度，一般以基本稳定跨度作为围岩理论分级标准。

第二步，围岩分级实用标准建立。针对砂质土围岩特点，建立围岩自稳跨度与围岩分级指标体系中的各指标值组合之间的关系，获得用围岩分级各指标值组合表达的围岩分级标准。根据围岩分级指标体系中指标值的表达方式不同，最终建立实用的围岩定性分级标准（即组合标准）和围岩定量分级标准（即综合标准）。

· 围岩综合指标的确定方法问题

围岩综合指标的确定方法，应与围岩分级实用标准相对应，目前，经常应用的有两种方法，即组合法和综合法。

组合法就是将围岩分级指标体系中的每个指标根据指标定性或定量值进行排列，从而获得每个指标的排序，将各个指标的不同排序进行组合，获得一个组合次序，将这个组合次序与围岩分级实用标准进行比较，即可确定围岩级别。

综合法就是将围岩分级指标体系中的每个指标定量值通过和、差、积、商等方法进行运算，最后获得一个综合值，将这一综合值与围岩分级实用标准进行比较，从而确定围岩级别。

本章研究中采用了这两种方法。

6.1　砂质土围岩分级理论标准建立

为了保证《公路隧道设计规范》（JTG D70—2004）的连续性，本次研究仍采用六级分级标准。各级围岩的自稳性也采用规范值，见表 6.1。

表 6.1　各级围岩的自稳性

围岩级别	自　稳　能　力
I	跨度 20 m，可长期稳定，偶有掉块，无塌方
II	跨度 10～20 m，可基本稳定，局部可发生掉块或小塌方； 跨度 10 m，可长期稳定，偶有掉块
III	跨度 10～20 m，可稳定数日至 1 个月，可发生小至中塌方； 跨度 5～10 m，可稳定数月，可发生局部块体位移及小至中塌方； 跨度 5 m，可基本稳定
IV	跨度 5 m，一般无自稳能力，数日至数月内可发生松动变形、小塌方，进而发展为中至大塌方。 埋深小时，以拱部松动破坏为主；埋深大时，有明显塑性流动变形和挤压破坏。 跨度小于 5 m，可稳定数日至 1 个月
V	无自稳能力，跨度 5 m 或更小时，可稳定数日
VI	无自稳能力

注：① 小塌方——塌方高度 < 3 m，或塌方体积 < 30 m^3。
　　② 中塌方——塌方高度 3～6 m，或塌方体积 30～100 m^3。
　　③ 大塌方——塌方高度 > 6 m，或塌方体积 > 100 m^3。

由砂质土围岩自稳性分组情况（表 5.17）与表 6.1 对照，可以发现砂质土围岩稳定性组别与规范中的围岩稳定性级别的对应关系，见表 6.2 所示。

表 6.2　砂质土围岩稳定性组别与规范中围岩级别的关系

砂质土围岩稳定性组别	规范中围岩级别
1	Ⅳ
2	Ⅴ
3	Ⅴ
4	Ⅵ

由表 6.2 可知，砂质土围岩稳定性组别的 2、3 组符合规范中的 Ⅴ 级围岩稳定性，通过第 5 章研究，2、3 组的稳定性并不相同。由此可见，规范中的 Ⅴ 级围岩有必要进行亚级的划分。

为了更好地满足工程实际，便于工程应用，本书对 Ⅴ 级围岩进行了更为细致的分级，Ⅴ 级围岩以围岩稳定跨度为判据，分为小于 4 m 和小于 3 m 稳定跨度的两个亚级，即 Ⅴ$_\text{上}$级、Ⅴ$_\text{下}$级；对于 Ⅳ 级围岩，以 Ⅳ$_\text{砂}$级来表示砂质土围岩级别，以区别于其他岩质围岩和土质围岩。由此确定出针对砂质土围岩分级的理论标准，见表 6.3。

表 6.3　砂质土围岩分级理论标准

围岩级别	自　稳　性
Ⅳ$_\text{砂}$	跨度大于 5 m，可暂时稳定至不稳定，可直接发生中至大塌方； 跨度小于 5 m，可基本稳定
Ⅴ$_\text{上}$	跨度小于 4 m，可基本稳定
Ⅴ$_\text{下}$	跨度小于 3 m，可基本稳定
Ⅵ	无自稳性

6.2　砂质土围岩分级组合标准建立

将砂质土围岩分级指标值组合分组（表 5.5）及其对应的稳定性（表 5.17），与分级理论标准（表 6.3）对应，就得砂质土围岩分级实用标准（组合标准，见表 6.4）。

表 6.4　砂质土围岩分级实用标准（组合标准）

围岩状态定性描述	指标值组合					围岩级别
	密实程度			细粒含量 W	细粒含水量 W_L	
	定性描述	定量指标				
		标准贯入锤击数 N	相对密实度 D_r			
压密或成岩作用的砂质土	密实	≥30	≥0.67	<10%	—	Ⅳ$_\text{砂}$
				≥30%	≤18.75%	
压密状态稍湿至潮湿或胶结程度较好的砂质土	密实	≥30	≥0.67	≥30%	18.75%~43.29%	Ⅴ$_\text{上}$
				10%~30%	—	
	密实至中密	15~30	0.33~0.67	<10%	—	
	密实以下	<30	<0.67	≥30%	≤18.75%	

续表 6.4

围岩状态 定性描述	指标值组合					围岩 级别
	密实程度			细粒含量 W	细粒含水量 W_L	
	定性描述	定量指标				
		标准贯入 锤击数 N	相对密实度 D_r			
密实以下但胶 结程度较好的 砂质土	中密至稍密	10～15	0.27～0.33	<10%	—	$V_下$
	稍密至密实	10～30	0.20～0.67	10%～30%	—	
	密实以下	<30	<0.67	≥30%	18.75%～43.29%	
松散潮湿、呈饱 和状态的粉细 砂等砂质土	稍密以下	<10	<0.20	<30%	—	Ⅵ
	—	—	—	≥30%	≥43.29%	

注：细粒，指粒径＜0.075 mm 的土粒。

6.3 砂质土围岩分级综合标准建立

在第 4 章中已论述过砂质土围岩基本质量指标 SBQ 是一个无量纲量，涵盖了砂质土的抗力及荷载效应，并且使力学强度指标值 C、φ 及 γ 有机结合在一起，避免了三指标的相互割裂，因为对同一地质材料的围岩来说，上述三指标是具有相关性的。此值越大，说明围岩的基本质量越好，说明开挖后稳定程度越高。说明 SBQ 可以作为评定砂质土围岩稳定性分级的综合基准。

通过第 4 章的研究，已经得到了砂质土围岩分级指标值组合分组与 SBQ 值的对应关系（表5.3），将表 5.3 与砂质土围岩自稳性（表 5.17）及砂质土围岩分级理论标准（表 6.3）对照，可以得出砂质土围岩分级综合标准（表 6.5）。

表 6.5　砂质土围岩分级综合标准

围岩级别	SBQ 值
Ⅳ砂	≥0.7
V上	0.6～0.7
V下	0.5～0.6
Ⅵ	<0.5

对砂质土围岩采用综合分级方法，就是在获得砂质土围岩分级指标后，利用 SBQ 值的预测公式（表 4.13）求得 SBQ 值，再与表 6.5 进行比较，从而获得砂质土围岩级别。

6.4 砂质土围岩分级修正方法

上述砂质土围岩定性组合分级方法和定量综合分级方法适用于地下水位以上或非饱和砂质土围岩分级，当砂质土围岩处于地下水位以下或饱和状态时，应根据地下水状态对砂质土围岩分级进行修正。根据《公路隧道设计规范》和《铁路隧道设计规范》的修正思路，考虑到地下水对砂质土围岩自稳性的影响主要与细粒含量及密实程度有关，这里提出针对砂质土围岩的具体修正方法，见表 6.6。

表 6.6　地下水对砂质土围岩影响的修正

地下水状态级别	围 岩 基 本 分 级				
	IV砂（细粒含量<30%）	IV砂（细粒含量≥30%）	V上	V下	VI
I	IV砂	IV砂	V上	V下	VI
II	VI	V下	VI	VI	VI
III	VI	VI	VI	VI	VI

6.5　本章小结

通过以上研究，得出下述结论。

1. 围岩分级标准

围岩分级标准包括理论标准和实用标准，实用标准有两种表达形式，即定性组合实用分级标准（即组合标准）和定量综合实用分级标准（即综合标准）。

2. 砂质土围岩分级理论标准建立

由于隧道所处围岩有岩质、土质之分，千差万别，种类繁多，因此，必须根据围岩分级的目的，制定出统一的围岩分级标准，这样才能保证各种类型的围岩在分级上保持一致，可见，围岩分级标准必须反映围岩本质特性。研究表明，围岩自稳性是围岩本质特性的反映，因此，应以围岩的自稳性为指标，制定出统一的围岩分级标准。围岩自稳跨度是围岩自稳性的综合反映，为此，可根据围岩自稳跨度制定统一的围岩分级标准，该标准实际上是围岩分级的理论标准。围岩自稳跨度包括四类，即长期稳定跨度、基本稳定跨度、暂时稳定跨度、不稳定跨度。本次研究根据基本稳定跨度建立砂质土围岩理论标准（表 6.3）。

3. 砂质土围岩分级实用标准建立

根据砂质土围岩自稳性与砂质土围岩分级指标体系中各指标值组合的对应关系，结合围岩分级理论标准，确定砂质土围岩分级指标体系中各指标值组合与围岩级别的关系，由此建立砂质土围岩定性组合实用分级标准，本次研究确定的砂质土围岩定性组合分级标准见表 6.4。

根据砂质土围岩分级指标体系中各指标值组合，通过试验确定定量综合指标值预测方法和判别基准，由此得到砂质土围岩定量综合分级标准见表 6.5。

砂质土围岩定性组合分级方法和定量综合分级方法适用于处于地下水位以上的砂质土围岩分级，当砂质土围岩处于地下水位以下时，应根据地下水状态对砂质土围岩分级进行修正。具体砂质土围岩修正方法见表 6.6。

第 7 章
砂质土围岩物理力学指标值研究

为了保持《公路隧道设计规范》关于围岩物理力学指标的一致性，并为设计计算提供参考，本次砂质土围岩物理力学指标均统一采用重度 γ、变形模量 E、泊松比 μ、黏聚力 C、内摩擦角 φ。

通过大量现场试验及实际调研资料分析，获得围岩物理力学指标值，然后通过室内土工试验进行检验，最终确定砂质土各级围岩对应的物理力学指标值。

7.1 调研资料分析

对于砂质土围岩的力学参数，国内很多学者从不同角度进行过研究，并得到了许多有价值的结论。通过对以往科研成果的整理分析，可以将其作为试验研究的验证基础。本次研究对砂质土围岩每项力学参数都进行了专门的资料调研。

7.1.1 重度 γ 现场试验结果

李国强等人[236]对砂质土的重度有表 7.1 所示的统计值。其中，围岩级别的确定，是根据调研资料中对砂质土性质的描述经砂质土围岩定性组合方法（表 6.4）确定的，其他力学参数对应的围岩级别的确定方法也同于此。

表 7.1　砂质土重度的取值

围岩级别	重度 γ/(kN/m³)	备　注
Ⅵ	12.2	干、松
Ⅴ下或Ⅵ	20	很湿，$\varphi = 25°$，压实
Ⅴ上	14～17	干，细砂或粗砂，中密
Ⅳ砂	16～18	干、$\varphi = 35°$，或湿、$\varphi = 35°$，压实

7.1.2　变形模量 E 现场试验结果

何广讷[237]及冶金工程勘察规范[238]提供、推荐了变形模量标准值 E，见表 7.2。

表 7.2　变形模量的取值统计

围岩级别	E/MPa		备注
	文献[237]	文献[238]	
Ⅵ	4.8～12.3	2.5～7	松散
Ⅴ下	12～16.8	7～15	稍密
Ⅴ上	18～21.2	10～30	中密
Ⅳ砂	21.9～58.9	15～60	密实

综合表 7.2，得砂质土各级围岩的 E 值如表 7.3。

表 7.3　砂质土围岩变形模量 E 的取值

围岩级别	Ⅳ砂	Ⅴ上	Ⅴ下	Ⅵ
变形模量 E/GPa	0.02～0.06	0.01～0.025	0.005～0.02	< 0.01

7.1.3　泊松比 μ 现场试验结果

《岩土工程试验监测手册》中提供了部分砂质土的泊松比参考值[239]，见表 7.4。

表 7.4　《岩土工程试验监测手册》提供的砂质土的泊松比参考值

围岩级别	泊松比 μ
Ⅵ	0.32～0.39
Ⅳ砂	0.25～0.33

7.1.4　黏聚力 C 现场试验结果

赖琼华[240]利用现场压板试验在确定砂质土变形模量的同时，也取得了相应的黏聚力 C 值，结果见表 7.5。

表 7.5　赖琼华提供的黏聚力 C 值

围岩级别	C / kPa	备　注
VI	0 ~ 10	中、细砂
V下	5 ~ 20	中、细砂
V上	5 ~ 25	黏土湿粉砂层
IV砂	5 ~ 30	亚黏土混砂砾

7.1.5　内摩擦角 φ 现场试验结果

在文献[237]中及朱小林等人[241]提供了砂质土内摩擦角 φ（°）的参考值，见表 7.6。

表 7.6　何广讷提供的内摩擦角 φ 值

围岩级别	φ /°		备　注
	文献[237]	文献[241]	
VI	21 ~ 32.5	26 ~ 34	松　散
V下	25 ~ 33.4	28 ~ 36	稍　密
V上	27 ~ 34.4	32 ~ 38	中　密
IV砂	29 ~ 45.2	34 ~ 41	密　实

综合表 7.6，得砂质土各级围岩的 φ 值如表 7.7。

表 7.7　砂质土围岩内摩擦角 φ 的取值

围岩级别	IV砂	V上	V下	VI
内摩擦角 φ /°	29 ~ 41	27 ~ 38	25 ~ 36	21 ~ 34

7.2　室内试验结果分析

砂质土隧道围岩的物理力学指标值研究，是根据砂质土隧道围岩分级指标组合分级实用标准，对每一级围岩所对应的不同指标组合情况，通过人工配制的砂质土由土工试验测试各物理力学指标值。

本次共进行了 1 018 组试验，其中重度（γ）225 组，变形模量（E）118 组，泊松比（μ）225 组，黏聚力（C）225 组，内摩擦角（φ）225 组，反映变形性质的压缩模量 E_{1-2} 及由内摩擦角 φ 和压缩模量 E_{1-2} 推导出的变形模量 E_0 118 组。

每级围岩对应的试验组合具体情况见表 7.8。

表 7.8 砂质土各级围岩物理力学指标试验情况

项 目	IV 砂	V 上	V 下	VI	小计
重度试验组数	43	92	74	16	225
变形模量试验组数	28	47	33	10	118
泊松比试验组数	43	92	74	16	225
内摩擦角试验组数	43	92	74	16	225
黏聚力试验组数	43	92	74	16	225
总计试验组数			1 018		

7.2.1 重度 γ 试验结果

每种指标组合下的砂质土的重度 γ，由指标组合情况通过 3 个分级指标即细粒含量、相对密实度及细粒含水量，同时测出砂粒及细粒的比重，利用土力学中物性指标的换算关系，由计算得出。对重度 γ 共进行了 225 组试验，对每级围岩对应的 γ 值做了描述统计分析，分析结果见表 7.9。

表 7.9 重度 γ kN/m³

统计项目	围岩级别			
	VI	V 下	V 上	IV 砂
平 均	18.16	16.52	16.89	17.06
标准误差	0.39	0.13	0.11	0.10
中位数	18.26	16.28	16.71	16.95
标准差	1.54	1.12	1.07	0.65
方 差	2.37	1.25	1.15	0.42
最小值	15.76	14.30	14.65	15.90
最大值	20.54	19.42	19.62	18.83
观测数	16	74	92	43

可以得到砂质土围岩级别对应的重度 γ 值的范围，见表 7.10。

表 7.10 砂质土隧道围岩重度 γ 取值

围岩级别	IV 砂	V 上	V 下	VI
重度 γ/(kN/m³)	16.86 ~ 17.26	16.67 ~ 17.11	16.26 ~ 16.78	17.34 ~ 18.98

7.2.2 变形模量 E 试验结果

对变形模量 E 共进行了 118 组试验，从试验结果看（见附录），变形模量的离散性相对较大，统计结果见表 7.11。

表 7.11 变形模量 *E*   kPa

统计项目		围 岩 级 别			
		VI	V下	V上	IV砂
平 均		1 563.08	2 997.37	11 637.92	24 887.21
最小值		413.56	700.18	847.81	6 919.83
最大值		5 598.43	11 269.91	33 809.14	39 427.95
观测数		10	33	47	28
换算成单位为 GPa	下限值	0.000 5	0.002 2	0.009 5	0.021 4
	上限值	0.002 6	0.003 8	0.013 8	0.028 4

从试验结果看，变形模量的离散性较大，故参考对应的试验最大、最小值并考虑到分级使用上的方便及数据的连续性，得到砂质土围岩变形模量各级别对应的范围，结果见表 7.12。

表 7.12 砂质土隧道围岩变形模量 *E* 取值

围岩级别	IV砂	V上	V下	VI
变形模量 *E* / GPa	0.021 4 ~ 0.028 4	0.009 5 ~ 0.013 8	0.002 2 ~ 0.003 8	0.000 5 ~ 0.002 6

7.2.3 泊松比 *μ* 试验结果

对泊松比 *μ* 共进行了 225 组试验，结果见附录。其统计结果见表 7.13。

表 7.13 泊松比 *μ*

统计项目	围 岩 级 别			
	VI	V下	V上	IV砂
平 均	0.406	0.344	0.324	0.297
标准误差	0.009	0.001	0.001	0.002
中位数	0.402	0.343	0.324	0.299
标准差	0.034	0.009	0.009	0.010
方 差	0.001	0.000	0.000	0.000
最小值	0.364	0.330	0.308	0.270
最大值	0.464	0.366	0.343	0.313
观测数	16	74	92	43

根据以上分析结果，砂质土围岩泊松比 *μ* 各级别对应的范围见表 7.14。

表 7.14 砂质土隧道围岩泊松比 *μ* 取值

围岩级别	IV砂	V上	V下	VI
泊松比 *μ*	0.29 ~ 0.30	0.32 ~ 0.33	0.34 ~ 0.35	0.39 ~ 0.42

7.2.4 黏聚力 C 试验结果

黏聚力 C 是对每种指标组合情况通过人工配制的砂质土进行不排水不固结的直剪试验测得，共进行了 225 组试验，对所测得的试验结果（附录）进行了描述统计分析，结果见表 7.15。

表 7.15 黏聚力 C kPa

统计项目	围 岩 级 别			
	VI	V下	V上	IV砂
平 均	6.47	6.86	11.20	12.38
标准误差	1.41	0.54	0.80	1.20
中位数	3.67	7.32	9.65	12.00
标准差	5.65	4.68	7.65	7.84
方 差	31.88	21.93	58.48	61.49
最小值	0.00	0.00	0.09	0.00
最大值	15.68	18.68	45.05	36.17
观测数	16	74	92	43

从上表的统计结果可以看出，砂质土的黏聚力 C 值离散性很大，规律性不是太显著，所以各级围岩对应的黏聚力 C 值交叉程度较大，建议取值见表 7.16。

表 7.16 砂质土隧道围岩黏聚力 C 取值

围岩级别	IV砂	V上	V下	VI
黏聚力 C / MPa	0.010 ~ 0.015	0.010 ~ 0.013	0.006 ~ 0.008	0.003 ~ 0.009

7.2.5 内摩擦角 φ 试验结果

内摩擦角 φ 是对每种指标组合情况通过人工配制的砂质土进行不排水不固结的直剪试验测得，共进行了 225 组试验，结果见附录。对所测得的试验结果进行了描述统计分析，结果见表 7.17。

表 7.17 内摩擦角 φ (°)

统计项目	围 岩 级 别			
	VI	V下	V上	IV砂
平 均	18.3	28.4	31.4	35.3
标准误差	1.5	0.2	0.1	0.2
中位数	19.1	28.5	31.4	35.0
标准差	5.9	1.4	1.3	1.4
方 差	35.1	2.0	1.6	2.0
最小值	7.8	25.0	28.5	33.0
最大值	25.3	30.5	33.8	39.1
观测数	16	74	92	43

由以上分析结果得到各级围岩对应的内摩擦角 φ 的范围值，见表 7.18。

表 7.18　砂质土隧道围岩内摩擦角 φ 取值

围岩级别	IV砂	V上	V下	VI
内摩擦角 φ / °	35 ~ 36	31 ~ 32	28 ~ 29	15 ~ 21

7.3　*SBQ* 预测结果分析

在第 4 章中，利用相关分析、聚类分析的方法，研究了砂质土围岩各力学指标与 *SBQ* 的关系。研究表明，围岩各力学指标与 *SBQ* 具有良好的相关性，证明利用 *SBQ* 是可以描述砂质土围岩的力学性能的。利用多元回归分析方法，得到了利用 *SBQ* 值来预测砂质土围岩物理力学指标的定量表达式，见表 4.17。

利用表 4.17 的预测公式，求出不同 *SBQ* 值对应的各物理力学参数，见表 7.19。

表 7.19　不同 *SBQ* 值对应的力学参数值

SBQ	黏聚力 C/kPa	tan φ	φ /°	泊松比 μ	侧压力系数 K_0	重度 γ / (kN/m^3)	变形模量 E/kPa
0.60	9.414 9	0.572 320	29.78	0.335 320	0.508 460	16.912 760	5 366.200
0.61	9.611 6	0.581 727	30.19	0.332 592	0.501 796	16.894 806	6 766.020
0.62	9.808 3	0.591 134	30.59	0.329 864	0.495 132	16.876 852	8 165.840
0.65	10.398 4	0.619 355	31.78	0.321 680	0.475 140	16.822 990	12 365.300
0.70	11.381 9	0.666 390	33.68	0.308 040	0.441 820	16.733 220	19 364.400
0.75	12.365 4	0.713 425	35.51	0.294 400	0.408 500	16.643 450	26 363.500
0.80	13.348 9	0.760 460	37.25	0.280 760	0.375 180	16.553 680	33 362.600
0.55	8.431 4	0.525 285	27.71	0.348 960	0.541 780	17.002 530	2 021.385
0.50	7.447 9	0.478 250	25.56	0.362 600	0.575 100	17.092 300	1 822.980
0.40	5.480 9	0.384 180	21.02	0.389 880	0.641 740	17.271 840	1 426.170
0.30	3.513 9	0.290 110	16.18	0.417 160	0.708 380	17.451 380	1 029.360
0.20	1.546 9	0.196 040	11.09	0.444 440	0.775 020	17.630 920	632.550
0.56	8.628 1	0.534 692	28.13	0.346 232	0.535 116	16.984 576	2 061.066
0.57	8.824 8	0.544 099	28.55	0.343 504	0.528 452	16.966 622	2 100.747
0.58	9.021 5	0.553 506	28.96	0.340 776	0.521 788	16.948 668	2 140.428
0.59	9.218 2	0.562 913	29.38	0.338 048	0.515 124	16.930 714	2 180.109

根据表 7.19，结合砂质土围岩分级综合标准（表 6.5），可以得到砂质土各级围岩对应的物理力学指标值，见表 7.20。

表 7.20 由 *SBQ* 预测得到的各级围岩力学参数值

围岩级别	黏聚力 C/kPa	φ /°	泊松比 μ	侧压力系数 K_0	重度 γ /(kN/m³)	变形模量 E / MPa
IV砂	>11.3	>33.7	<0.30	<0.44	<16.6	>19.4
V上	9.41 ~ 11.3	29.8 ~ 33.7	0.30 ~ 0.34	0.44 ~ 0.51	16.6 ~ 16.9	5.4 ~ 19.4
V下	7.45 ~ 9.41	25.6 ~ 29.8	0.34 ~ 0.36	0.44 ~ 0.58	16.9 ~ 17.1	1.8 ~ 5.4
VI	<7.45	<25.6	>0.36	>0.58	>17.1	<1.8

7.4 砂质土围岩物理力学指标值

将调研分析、室内试验及 *SBQ* 预测分析结果进行对比，结果见表 7.21。

表 7.21 调研分析和室内试验结果对比

围岩级别	工况	IV砂	V上	V下	VI
重度 γ /(kN/m³)	调研分析	16 ~ 18	14 ~ 17	20	12.2
	室内试验	16.86 ~ 17.26	16.67 ~ 17.11	16.26 ~ 16.78	17.34 ~ 18.98
	SBQ 预测	<16.6	16.6 ~ 16.9	16.9 ~ 17.1	>17.1
变形模量 E_0 / GPa	调研分析	0.02 ~ 0.06	0.01 ~ 0.025	0.005 ~ 0.02	<0.01
	室内试验	0.021 4 ~ 0.028 4	0.009 5 ~ 0.013 8	0.002 2 ~ 0.003 8	0.000 5 ~ 0.002 6
	SBQ 预测	>19.4	5.4 ~ 19.4	1.8 ~ 5.4	<1.8
泊松比 μ	调研分析	0.25 ~ 0.33	—	—	0.32 ~ 0.39
	室内试验	0.29 ~ 0.30	0.32 ~ 0.33	0.34 ~ 0.35	0.39 ~ 0.42
	SBQ 预测	<0.30	0.30 ~ 0.34	0.34 ~ 0.36	>0.36
黏聚力 C / MPa	调研分析	0.005 ~ 0.030	0.005 ~ 0.025	0.005 ~ 0.020	0 ~ 0.010
	室内试验	0.010 ~ 0.015	0.010 ~ 0.013	0.006 ~ 0.008	0.003 ~ 0.009
	SBQ 预测	>0.011	0.009 ~ 0.011	0.007 ~ 0.009	<0.007
内摩擦角 φ / °	调研分析	29 ~ 41	27 ~ 38	25 ~ 36	21 ~ 34
	室内试验	35 ~ 36	31 ~ 32	28 ~ 29	15 ~ 21
	SBQ 预测	>33.7	29.8 ~ 33.7	25.6 ~ 29.8	<25.6

由于国内外对砂质土的物理力学性质研究较少，调研资料有限，从现有资料来看，调研分析结果和室内试验及 *SBQ* 预测结果的吻合较好，有的有一定差距，如重度。为了便于应用，参考现场试验结果，对相关参数进行取整，由此可得砂质土隧道围岩物理力学参数值见表 7.22。

表 7.22 砂质土围岩的物理力学参数

围岩级别	IV砂	V上	V下	VI
重度 γ / (kN/m³)	18 ~ 19	16.5 ~ 18	15 ~ 16.5	14 ~ 15
变形模量 E / GPa	0.02 ~ 0.06	0.01 ~ 0.025	0.005 ~ 0.02	< 0.01
泊松比 μ	0.27 ~ 0.30	0.30 ~ 0.33	0.33 ~ 0.35	0.35 ~ 0.42
内摩擦角 φ / °	33 ~ 40	30 ~ 33	25 ~ 30	10 ~ 25
黏聚力 C / MPa	0.005 ~ 0.03	0.005 ~ 0.025	0.005 ~ 0.02	< 0.01

7.5 本章小结

对于砂质土围岩，主要是通过大量现场试验及实际调研资料分析，获得围岩物理力学指标值，然后通过室内土工试验进行检验。最终确定砂质土各级围岩对应的物理力学指标值，见表 7.22。

第 8 章
砂质土围岩分级方法的验证

本章主要是对砂质土围岩分级方法进行实际工程检验，以验证前述各章所提出的围岩分级方法的准确性。

围岩分级方法检验包括砂质土围岩定性组合分级方法和定量综合分级方法检验。

8.1 定性组合分级方法检验

8.1.1 样本情况

本次所取样本包括广州市轨道交通 2 号、8 号线延长线 8 号线凤凰新村地铁车站的 1 个砂质土围岩样本，北京地铁 4 号线工程石榴庄路站明挖主体结构 10 个样本，北京地铁 10 号线一期（含奥运支线）工程起点至万柳站明挖段围护结构 1 个样本，3 号线汉溪至市桥区间施设（盾构）隧道右线 4 个样本，3 号线汉溪至市桥区间施设（盾构）隧道左线 2 个样本，北京地铁 10 号线一期（含奥运支线）工程科南路站至知春路站区间施工竖井及通道结构 2 个样本，北京地铁 4 号线工程马家楼站至石榴庄路站区间 4 个样本，北京地铁 4 号线工程马家楼站至石榴庄路站区间施工竖井 3 个样本，共计 27 个砂质土围岩样本。具体情况见表 8.1 所示。

表 8.1　砂质土围岩样本情况

工程名称	隧道名称	样本数量
广州市轨道交通 2 号、8 号线延长线	八号线凤凰新村站	1
北京地铁 4 号线工程	石榴庄路站明挖主体结构	10
北京地铁 10 号线一期（含奥运支线）工程	起点至万柳站明挖段围护结构	1
3 号线汉溪至市桥区间施设（盾构）隧道右线	4
3 号线汉溪至市桥区间施设（盾构）隧道左线	2
北京地铁 10 号线一期（含奥运支线）工程	科南路站至知春路站区间施工竖井及通道结构	2
北京地铁 4 号线工程	马家楼站至石榴庄路站区间	4
	马家楼站至石榴庄路站区间施工竖井	3
合　计		27

8.1.2　检验方法

检验方法主要是根据样本原工程地质及水文地质情况，利用本次得到的砂质土围岩分级方法中的指标组合方法（表 6.4），综合得到围岩级别，再与原样本围岩分级或分类情况对比，得出符合性结论。

当存在地下水时，可按表 6.6 修正。

现以广州市轨道交通 2 号、8 号线延长线 8 号线凤凰新村站的<3-1>粉细砂层（Q_3^{al+pl}）围岩为例。

该层围岩的工程地质情况描述为：该层主要夹在淤泥质土<4-2>中呈透镜体状分布。土性：灰白、灰黄色等，松散，级配不良，以石英质中粗砂为主，含少量黏粒。

该层围岩的水文地质情况描述为：第四系孔隙水主要赋存于冲洪积的粉细砂层<3-1>中，本场地主要地下水类型为基岩裂隙水，但岩石渗透水性弱，含水不富。

从围岩密实程度为"松散"及"含少量黏粒"可以认为符合表 6.4 砂质土围岩组合分级方法中对Ⅵ级砂质土围岩分级的规定，所以判定为Ⅵ级围岩；从水文地质描述情况看，根据表 2.8 判断地下水为Ⅰ级，根据表 6.6，此时不用地下水修正。最终判定结果为Ⅵ级围岩。而工程中划分围岩级别为Ⅵ级，所以认为本样本为符合。

8.1.3　检验结果

原样本围岩地质描述、原围岩分级或分类结果以及与由本次砂质土围岩分级方法得到的分级结果对比情况见表 8.2 所示。

表 8.2　样本概况及砂质土围岩定性组合分级方法检验结果

工程名称	隧道名称	断面里程	水文地质	工程地质	原围岩级别（类别）	现围岩级别判定	符合性
广州市轨道交通2号线、8号线延长线	8号线凤凰新村站		第四系孔隙水主要赋存于冲洪积的粉细砂层<3-1>中，本场地主要地下水类型为基岩裂隙水，但岩石渗透水性弱，含水不富	<3-1>粉细砂层（Q_3^{al+pl}）：该层主要夹在淤泥质土<4-2>中呈透镜体状分布。土性：灰白、灰黄色等，松散，级配不良，以石英质中粗砂为主，含少量黏粒	VI级	VI级	√
			无地下水，含水不富	②3粉细砂，含云母，中密、湿、低压缩性	V级	V下级	√
				②4中粗砂，褐黄、中密至饱实、湿、低压缩性，含云母、氧化铁	VI级	V上级	√
			地下水为层间水，含水层⑤层	⑤1中粗砂，褐黄、密实、湿、低压缩性，含少量砾石、个别砾石	VI级	IV_w级	√
				⑤2粉细砂，褐黄、湿、密实、低压缩性，含云母、氧化铁	VI级	VI级	√
北京地铁4号线工程	石榴庄路站明挖主体结构		第1层地下水为层间水，含水层为卵石圆砾⑦层，水位标高19.11~22.34 m	⑦1中粗砂，褐黄、密实、湿至饱和、含云母、氧化铁及个别砾石	VI级	VI级	√
			第1层地下水为层间水，含水层为卵石圆砾⑦层，水位标高19.11~22.34 m	⑦2粉细砂，褐黄、密实、饱和、低压缩性，含云母、氧化铁	VI级	VI级	√
			第2层地下水为承压水，含水层为卵石圆砾⑨层，水位标高13.39~16.09 m	⑨1中粗砂，褐黄、密实、饱和、低压缩性，含云母、氧化铁	V级	VI级	√

续表 8.2

工程名称	隧道名称	断面里程	水文地质	工程地质	原围岩级别（类别）	现围岩级别判定	符合性
北京地铁4号线工程	石榴庄路站明挖主体结构		第2层地下水为承压水，含水层为卵石圆砾②层，水位标高13.39~16.09 m	②2粉细砂，褐黄、密实、饱和、低压缩性，含云母、氧化铁	V级	V下级	√
			无地下水，含水不富	(II)1中粗砂，褐黄、中密至密实、饱和、低压缩性，含云母、氧化铁	V级	V上级	√
			无地下水，含水不富	(II)2粉细砂，褐黄、密实、饱和、低压缩性，含云母、氧化铁	V级	V下级	√
3号线汉溪至市桥区间隧道（盾构）施工右线		YDK23+277.495~YDK23+440.295	岩土富水性弱至中等	洞身通过段岩性以可塑状粉质黏土为主，局部为可塑状混合岩残积土为主，人工填土，洞顶主要为可塑状粉质黏土和砂土，砂土呈松散	I类~II类	VI级	√
		YDK23+440.295~YDK23+939.875	砂土 $K=4.18$ m/d，岩土（砂）富水性中等。在 YDK23+741~YDK23+746 处为东涌沙涌，涌内常年有水	洞身通过段岩性以砂土和可塑状淤泥质土为主，局部为流塑状粉质黏土，洞顶以砂土，淤泥质土，可塑状粉质黏土为主，砂土呈松散至稍密状	I类~II类	V下级~VI级	√
		YDK23+939.875~YDK24+039	岩土富水性中等	地势平坦，地面为路面，洞身通过段岩性以硬塑状硬塑状混合岩，洞顶为全风化混合岩，洞顶为塑至塑状混合岩残积土和砂土，洞土为松散密状	II类~III类	VI级	
		YDK24+260.197~YDK24+581.85	岩土（砂）富水性中等	洞身通过段岩性主要为可塑至塑状混合岩残积土和流塑至软塑状淤泥土，洞顶为全风化混合岩残积土，主要为砂土，砂呈松塑至稍密状	I类	VI级	√

续表 8.2

工程名称	隧道名称	断面里程	水文地质	工程地质	原围岩级别（类别）	现围岩级别判定	符合性
3 号线汉溪至市桥区间施设（盾构）隧道左线		ZDK23+440.414~ZDK23+942.914	砂土 K = 4.18 m/d，岩土富水性中等。在 ZDK23 + 733.5 ~ ZDK23+741 处有一条末末沙涌，涌内常年有水	段岩性主要以为路面，洞身通过残积岩残积混合状塑至流塑状软塑至淤泥质黏土，洞顶主要为砂土和流塑状淤泥质粉质黏土、砂土呈松散至稍密状	I 类	VI 级	√
		ZDK24+410.211~ZDK24+581.85	岩土富水性中等	地势平坦，地面为路面，洞身通过残积岩残积硬塑状混合状积土和砂土和可塑至流塑状残土呈松散至稍密粉质黏土、砂土呈松散至稍密状	II 类	VI 级	√
北京地铁 10 号线一期（含奥运支线）	起点至万柳站站区间明挖段围护结构		第 1 大层地下水为潜水，含水层，第 2 大层层底的卵砾石层，地下水位连续续分布	Q_4^{al+pl} 细砂、粉砂②1 层，褐黄至褐（暗黄），中密至密实，稍湿，低压缩性、含云母、圆砾、黏土团	VI 级	VI 级	√
北京地铁 10 号线一期（含奥运支线）工程	科南路站至知春路站区间及竖井施工通道结构		地下水为台地潜水，砂土层，该第 3 大层中的粉土、砂土层地下水受到的影响因素较多	③1 粉砂、细砂、褐黄色，稍湿密实，低压缩性、黏土团	VI 级	VI 级	√
			地下水为台地潜水，砂土层，该第 7 大层地下水受到的影响因素较多	⑦1 细砂、中砂、褐黄色，饱和密实，低压缩性、圆砾	VI 级	VI 级	√

续表 8.2

工程名称	隧道名称	断面里程	水文地质	工程地质	原围岩级别（类别）	现围岩级别判定	符合性
北京地铁4号线工程	马家楼站至石榴庄路站区间		上层滞水仅局部分布，含水层以人工填土①层和粉土③层为主；局部为粉细砂②3层	②3 粉细砂层，黄褐色，稍密至中密、湿，含云母、氧化铁、个别砾石	Ⅵ级	Ⅵ级	√
			潜水受人工抽取地下水和施工降水的影响，局部呈疏干状态	⑤2 粉细砂层，褐黄色、湿、密实，含云母、氧化铁	Ⅴ级	Ⅴ上级	√
			第四纪承压水部分含水层局部地段因隔水层分布的变化或受地下水开采的影响，地下水位低于含水层顶板，形成层间水	⑦1 中粗砂，褐黄色、密实、湿至饱和，低压缩性，个别砾石	Ⅴ～Ⅵ级	Ⅵ级	√
				⑦2 粉细砂层，褐黄色、密实、湿至饱和，含云母、氧化铁	Ⅴ～Ⅵ级	Ⅴ下级	√
	马家楼站至石榴庄路站区间施工竖井		上层滞水仅局部分布，含水层以人工填土层和粉土层为主	②3 粉细砂层，黄褐色，稍密至中密、湿，含云母、氧化铁、个别砾石	Ⅴ～Ⅵ级	Ⅴ上级	√
			潜水受人工抽取地下水和施工降水的影响，局部呈疏干状态	⑤2 粉细砂层，褐黄色、湿、密实，含云母、氧化铁、个别砾石、局部粘质粉土	Ⅴ级	Ⅴ上级	√
			本次勘察实际测量到两层地下水，分别为层间承压水和层间水，具体情况为层间水	⑦2 粉细砂层，褐黄色、密实、湿，至饱和，含云母、氧化铁	Ⅴ～Ⅵ级	Ⅵ级	√

注：表中所有的工程样本围岩分级方法还采用围岩分类的方法，对应关系的Ⅰ类与Ⅵ级对应，Ⅱ类与Ⅴ级对应的关系进行对比。

根据表 8.2，将砂质土围岩定性组合分级方法验证符合性结果汇总，见表 8.3。

表 8.3　砂质土围岩定性组合分级方法验证结果

项目	实际围岩样本	判别符合样本	判别不符合样本	符合率
V 级围岩	11	8	3	72.73%
VI 级围岩	16	14	2	87.50%
合计	27	22	5	81.48%

由表 8.3 可见，砂质土围岩定性组合分级方法检验符合率为 81.48%。

8.2　定量综合分级方法检验

8.2.1　样本情况

由于砂质土围岩样本数量较少，且提供的资料中所含砂质土围岩分级指标不全面。鉴于砂质土围岩定量综合分级方法所用指标 SBQ，从其定义来看，对土质围岩及类土质围岩都具有适用性，所以本次所选样本也包括填土、黏质土、全风化岩等土质或类土质围岩样本。

本次所取样本包括广州市轨道交通 2 号、8 号线拆解工程东晓南路站至江泰路站区间（矿山法施工段）的 3 个围岩样本，广州市轨道交通 2 号、8 号线延长线工程 8 号线凤凰新村站 6 个样本，北京地铁 10 号线一期（含奥运支线）工程起点至万柳站明挖段围护结构 2 个样本，南京站至东井亭站区间隧道 5 个样本，共计 16 个围岩样本。具体情况见表 8.4 所示。

表 8.4　围岩样本情况

工程名称	样本数量
广州市轨道交通 2 号、8 号线延长线 8 号线凤凰新村站	6
广州市轨道交通 2 号、8 号线拆解工程东晓南路站至江泰路站区间（矿山法施工段）	3
北京地铁 10 号线一期（含奥运支线）工程起点至万柳站明挖段围护结构	2
南京站至东井亭站区间隧道	5
合　计	16

8.2.2　检验方法

检验方法主要是：根据样本原工程的岩土工程勘察报告中提供的岩土物理力学参数值，利用 SBQ 的定义公式（5.4），求出相应的 SBQ 值后，按表 6.5 确定围岩的级别。

利用本次得到的砂质土围岩分级方法中的定量综合分级方法，得到围岩级别，再与原样本围岩分级或分类情况对比，得出符合性结论。

现以广州市轨道交通 2 号、8 号线拆解工程东晓南路站至江泰路站区间（矿山法施工段）的<4-3>土质围岩为例：

其力学参数如表 8.5 所示。

表 8.5　<4-3>土质围岩物理力学参数

重度 γ /（kN/m³）	黏聚力 C/kPa	内摩擦角 φ / °
18.9	25.7	14.3

将表 8.5 中的各参数值代入到式（4.4）中，得到 *SBQ* 值为 0.323，由表 6.5 可知围岩级别为Ⅵ级，而原围岩分类为Ⅰ类，所以认为符合。

8.2.3　检验结果

原样本围岩和物理力学指标值、原围岩分级或分类结果以及与本次砂质土围岩分级方法得到的分级结果对比情况见表 8.6 所示。

表 8.6　样本概况及砂质土围岩定量综合分级方法检验结果

工程名称	岩土分层	岩土名称	重度 /（kN/m³）	黏聚力 C / kPa	内摩擦角 φ / °	$\tan\varphi$	SBQ	现围岩分级	原围岩分级	符合性
广州市轨道交通 2 号、8 号线拆解工程东晓南路站至江泰路站区间（矿山法施工段）	<1>	填土	20.4	2.6	12.6	0.224	0.230	Ⅵ级	Ⅰ类	√
	<4-3>	粉质黏土	18.9	25.7	14.3	0.255	0.323	Ⅵ级	Ⅰ类	√
	<6>	全风化泥质粉砂岩	20	16.4	22.9	0.422	0.463	Ⅵ级	Ⅱ类	
广州市轨道交通 2 号、8 号线延长线工程 8 号线凤凰新村站	<1>	人工填土层	18.5	20	12	0.213	0.267	Ⅵ级	Ⅵ级	√
	<4-1>	粉质黏土层	18.7	28	16	0.287	0.362	Ⅵ级	Ⅵ级	√
	<4-2>	淤泥质土层	16.8	8	5	0.087	0.111	Ⅵ级	Ⅵ级	√
	<6>	全风化粉砂质泥岩	20	35	25	0.466	0.554	Ⅴ下级	Ⅴ级	√
	<8>	中风化粉砂质泥岩	24	800	38	0.781	2.448	Ⅳ $_{砂}$级以上	Ⅲ～Ⅳ级	√
	<9>	微风化粉砂质泥岩	25	1600	40	0.839	4.039	Ⅳ $_{砂}$级以上	Ⅲ级	√

续表 8.6

工程名称	岩土分层	岩土名称	重度/(kN/m³)	黏聚力 C / kPa	内摩擦角 φ / °	tan φ	SBQ	现围岩分级	原围岩分级	符合性
北京地铁10号线一期（含奥运支线）工程起点至万柳站明挖段围护结构	①1	粉质黏土填土	17.7	10	15	0.268	0.296	Ⅵ级	Ⅵ级	√
	⑥	粉质黏土	20.3	50	11	0.194	0.318	Ⅵ级	Ⅵ级	√
南京站站至东井亭站区间隧道	①	杂填土	18.9	7.8	12.9	0.229	0.250	Ⅵ级	Ⅰ类	√
	②-1b2-3	粉质黏土	19.3	4.3	15.1	0.270	0.281	Ⅵ级	Ⅰ类	√
	②-2b3-4	粉质黏土	18.6	7.3	13.3	0.236	0.256	Ⅵ级	Ⅰ类	√
	③-b1-2	粉质黏土	19.8	29	16.1	0.289	0.362	Ⅵ级	Ⅰ类	√
	④-b1-2	粉质黏土	19.8	26.6	18.2	0.329	0.396	Ⅵ级	Ⅰ类	√

注：表中有的工程样本围岩分级方法还采用围岩分类的方法，对应关系按Ⅰ类与Ⅵ级对应、Ⅱ类与Ⅴ级对应的关系进行对比。

将表 8.6 砂质土围岩定量综合分级方法验证符合性结果汇总，见表 8.7。

表 8.7　砂质土围岩定量综合分级方法验证结果

项目	实际围岩样本	判别符合样本	判别不符合样本	符合率
Ⅳ级围岩	3	2	1	66.7%
Ⅵ级围岩	13	12	1	92.3%
合计	'16	14	2	87.5%

由表 8.7 可见，砂质土围岩定量综合分级方法检验符合率为 87.5%。

8.3　本章小结

由上分析，可得砂质土围岩分级方法检验结果，见表 8.8。

表 8.8　砂质土围岩分级方法检验验证结果

分　级　方　法	符合率
砂质土围岩定性组合分级方法	81.48%
砂质土围岩定量综合分级方法	87.50%

由表 8.8 可见，围岩分级方法检验符合率达 80% 以上。

第9章
砂质土隧道设计参数研究

隧道围岩分级的目的之一就是确定隧道设计参数，并由此指导隧道的安全施工。隧道设计参数包括开挖方法、预加固参数、支护类型、结构形式。本章在前面砂质土围岩分级研究成果的基础上，结合双车道公路隧道特点，通过理论分析、实例统计、有限元数值分析等方法，确定各级砂质土围岩下隧道设计参数。

9.1 双车道公路隧道设计参数确定原则

公路隧道设计参数主要包括开挖方法、预加固参数、支护类型、结构形式等。下面分别论述它们的选取原则。

9.1.1 开挖方法的确定原则

隧道开挖方法必须与隧道自稳性相适应，即在某种级别围岩条件下开挖的隧道，其开挖跨度必须小于该级别围岩的暂时稳定跨度。只有满足此条件，选取的开挖方法才是可行的。

对于目前较普遍采用的矿山法施工的隧道而言，选择开挖方法实际上就是选择断面的分割方法。一般情况下，隧道断面有三种分割方法，即竖向分割方法、横向分割方法以及两者组合的分割方法，由此得到常用的开挖方法有全断面法、台阶法（包括环形留核心土开挖法）、CD 法、CRD 法、双侧壁法等，见图 9.1。

对于隧道断面分割方法的选择来说，实质也就是开挖跨度的选择，即在确定级别的围岩条件下，施工每一步开挖的跨度都必须能保证该级围岩处于暂时稳定状态，即每一步开挖跨度必须小于各级围岩暂时稳定跨度。据此，就可以确定出相应的隧道开挖方法。

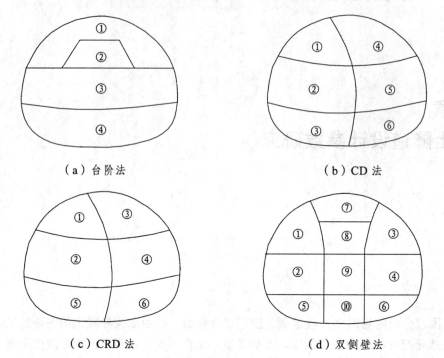

（a）台阶法　　　　　　　　　　　　（b）CD法

（c）CRD法　　　　　　　　　　　　（d）双侧壁法

图 9.1　隧道施工方法

9.1.2　预加固参数的确定原则

在确定的各级围岩条件下，为了满足某种施工方法的需要，当隧道开挖跨度一定时，在其跨度下不能保证该级围岩处于暂时稳定状态时，就需要采取相应的预加固措施，其预加固强度就是使该级围岩能够达到暂时稳定的那级围岩强度为止。据此，就可以确定相应的预加固参数。

9.1.3　支护类型的确定原则

隧道稳定性一般在洞形和尺寸相对固定的条件下，可以分为 4 个等级，即长期稳定、基本稳定、暂时稳定和不稳定。与之相适应的支护类型大体上也可以分为下述 4 类。

1. 防护型支护

防护型支护应用于隧道长期稳定的情况。它的作用是封闭岩面，防止围岩风化。在确保围岩无风化和局部掉块的情况下，也可不施加支护。

2. 构造型支护

构造型支护是指仅仅按结构最小厚度设置的支护。它应用于隧道基本稳定的情况。通常情况下，这种支护受到的荷载很小，或者说，基本上是不承载的。由于根据荷载计算而确定的支护厚度都很小，施工中往往很难做到，因此，实际中构造型支护的厚度多视施工的可能而定。

3. 承载型支护

承载型支护是具有一定承载能力的支护。它应用于隧道暂时稳定的情况。根据荷载的性质、方向、大小、分布等不同，其类型与构造是多种多样的，一般有轻型、中型、重型三种支护。这种支护的厚度多数情况下是根据满足受力要求来确定的。

4. 特殊承载型支护

特殊承载型支护应用于隧道不稳定的情况。由于所受荷载较大，而且是具有特殊性的，如膨胀、偏压等，所以多数情况下需要采用"先支后挖"的支护措施及强有力的一次支护措施。在这种情况下，有时二次支护也要承受一定的荷载。

基于上述对应关系，根据围岩的自稳性状态，即可选择相应的隧道支护类型。

9.1.4　结构形式的确定原则

隧道结构形式主要是指有无仰拱的设置，根据工程经验可知，当围岩岩体节理裂隙较少且遇水不发生软化现象时，隧道可以不设置仰拱，否则，需要设置仰拱。

9.2　双车道砂质土公路隧道各级围岩下的设计参数确定

9.2.1　开挖方法和预加固参数及支护类型的确定

根据砂质土围岩的自稳性研究成果，同时考虑双车道公路隧道的开挖跨度均在 12 m 左右的实际情况，可将 4 m 左右作为自稳跨度临界值，取此值的原因是：跨度取 4 m 左右，主要是针对导坑法开挖，为了满足施工要求，导坑的宽度最小不能小于 4 m 左右。同时，围岩暂时稳定跨度在 7 m 以下时，不可以采用台阶法开挖，但可以采用横向分割方法。据此，可以确定双车道公路隧道开挖方法、预加固参数、支护类型如下：

（1）围岩暂时稳定跨度在 4 m 以上时，可以采用 CD 法，但在跨度 12 m 时不稳定，所以需采用特殊承载型支护，同时采用预加固措施。

（2）围岩暂时自稳跨度在 4 m 以下时，可以采用 CRD 法，但在跨度 12 m 时不稳定，所以需采用特殊承载型支护，同时采用预加固措施。

根据第 6 章砂质土围岩理论分级标准表 6.3，结合双车道公路隧道特点，可以确定各级砂质土围岩的开挖方法、预加固参数、支护类型，具体见表 9.1。

表 9.1　双车道公路隧道各级围岩开挖方法和预加固参数及支护类型

围岩级别	自稳性		项　目		
	基本稳定跨度/m	暂时稳定跨度/m	开挖方法	预加固参数	支护类型
IV砂	<5	5~6	台阶法（环形开挖留核心土）	加固区围岩强度提高到相当于III水平	重型承载型
V上	<4	4~6	CD 法	加固区围岩强度提高到IV砂水平以上	特殊承载型
			台阶法（环形开挖留核心土）	加固区围岩强度提高到IV砂水平以上	特殊承载型
V下	<3	3~4	CRD 法	加固区围岩强度提高到IV砂水平	特殊承载型
			CD 法	加固区围岩强度提高到IV砂水平以上	特殊承载型
VI	无自稳能力		实　际　研　究		

9.2.2　结构形式的确定

砂质土围岩分级主要包括IV砂、V上、V下和VI级，根据隧道结构形式的确定原则，均需要设置仰拱。

9.3　双车道公路隧道各级围岩下初期支护参数的确定

9.3.1　初期支护参数的统计

对国内外近 400 座隧道的初期支护参数进行整理，从中筛选出 31 座跨度为 $10\sim15$ m 的相当于IV级、V级围岩级别情况下的隧道初期支护参数作为样本，见表 9.2。

表 9.2　隧道初期支护喷混凝土厚度

序号	隧道名称	高度/m	跨度/m	围岩级别	喷层厚度/cm
1	Grand San Bernardo	—	13.9	IV	22
2	SEBINA ORIENTALE	7.87	11.3	IV	20
3	Das Harlan Diversion Project Erfolgreicher Einsatz einer eilschnittmaschine in Hartem Gestein	9.95	10.36	IV	10
4	牛郎河隧道	6.8	10	IV	15

续表 9.2

序号	隧道名称	高度/m	跨度/m	围岩级别	喷层厚度/cm
5	蕉溪岭隧道	8.7	12.96	IV	16
6	彭水隧道	—	14.30~17.23	IV	25
7	白岭隧道	5	11	IV	15
8	红山 1 号隧道	7.16	10.8	IV	12
9	山梨磁浮铁路隧道	7.7	12.6	IV	10
10	香港长青隧道	>8.5	>12.5	IV	20
11	燕山隧道	9.94	11.16	IV	20
12	舞于	8.96	15	IV	10
13	列克雷斯	8.3	12	IV	20
14	Byfjord	7.2	11	V	25
15	Schurzeberg	4.5	10	V	25
16	SEBINA ORIENTALE	7.87	11.3	V	20
17	Extreme Deformation and Damage during the Construction of Large Tunnels	12	15	V	25
18	Road tunnel to serve Rome's airport		12	V	20
19	Istanbul Metro：excavation and support	6.75	12.36	V	25
20	马王槽右线 1 号隧道	8.75	12.94	V	16
21	彭水隧道	—	14.30~17.23	V	25
22	白岭隧道	5	11	V	20
23	紫坪铺水利工程 1 号、2 号导流洞	13.7	14.59	V	25
24	红山 1 号隧道	7.16	10.8	V	25
25	马兰坝隧道	8	14.566	V	20
26	雷公山隧道	>8.0	>12.0	V	22
27	乐善村 2 号隧道	11.12	13.06	V	25
28	所领隧道	9.55	15	V	25
29	新都富良野	8.46	14.53	V	20
30	鸟手山	8.5	14.5	V	17
31	Valdarnv	9.5	13.7	V	20

对相当于Ⅳ级、Ⅴ级围岩级别情况下的喷射混凝土厚度进行统计分析，结果见表 9.3。

表 9.3　初期支护喷射混凝土厚度统计

围岩级别	样本数/个	喷射混凝土厚度/cm			
		最小值	最大值	平均值	范围值
IV	13	10	25	16.1	10～25
V	18	16	25	22.2	16～25

9.3.2　初期支护参数的规范值

现行《公路隧道设计规范》（JTG D70—2004）也给出了两车道隧道复合式衬砌的初期支护参数数值，其中IV级、V级围岩情况见表 9.4。

表 9.4　两车道隧道初期支护参数

围岩级别	喷射混凝土厚度/cm	锚杆/m			钢筋网	钢架
		位置	长度	间距		
IV	12～15	拱、墙	2.5～3.0	1.0～1.2	拱、墙@25×25	拱、墙
V	15～25	拱、墙	3.0～4.0	0.8～1.2	拱、墙@20×20	拱、墙、仰拱
VI	通过试验、计算确定					

9.3.3　初期支护参数的确定

采用有限差分法（FLAC）进行二维建模计算分析。利用地层-结构模式，计算模拟。在双车道砂质土公路隧道初期支护参数确定过程中，需要进行反复检算，每次检算考虑如下条件：

（1）围岩物理力学参数。各级围岩的物理力学参数根据第 7 章研究成果即表 7.20 考虑。初期支护材料的物理力学指标按《公路隧道设计规范》第 5.2 条提供的推荐值办理，各级围岩的计算参数见表 9.5。

表 9.5　围岩及材料物理力学参数（IV₃）

材料 ＼ 参数	重度 $\gamma/(kN/m^3)$	变形模量 E/GPa	泊松比 μ	内摩擦角 $\varphi/°$	黏聚力 C/MPa
IV砂级围岩	17	0.03	0.28	36	0.027
V上级围岩	17	0.017	0.31	32	0.015
V下级围岩	17	0.013	0.34	27	0.012
喷混凝土 C20	22	21	0.20		

对于经锚杆支护加固后围岩力学参数的提高，在《公路隧道设计规范》（JTG D70—2004）第 9.2.5 条及其说明中提出：计算时可令内摩擦角 φ 值保持不变，将 C 值提高 20%～30%。本

次计算采用了上述方法。

（2）埋深条件。各级围岩分别考虑了深埋（50 m）、浅埋（20 m）、超浅埋（10 m）及偏压四种情况。

（3）施工方法。模拟了 $IV_砂$ 级台阶法，$V_上$、$V_下$ 级 CD 法和 CRD 法。

（4）评价标准。分别以初期支护内力、安全系数及位移进行安全性评价。

（5）评价过程。针对每个围岩级别，先根据表 9-3 和表 9.4 初步拟订出该级围岩条件下的双车道公路隧道初期支护参数，然后按上述（1）～（4）条件进行检算：如果检算通过，该参数就是本级围岩条件下的隧道初期支护参数；如果没有通过检算，加强初期支护参数，重新进行检算，反复进行这一过程，直到通过检算，则最终调整的参数就是本级围岩条件下的隧道初期支护参数；如果检算中初期支护安全系数大于规范值，则减弱初期支护参数，重新进行检算，反复进行这一过程，直到通过检算，则最终调整的参数就是本级围岩条件下的隧道初期支护参数。

通过以上的隧道初期支护结构模拟计算，对不满足规定要求的支护结构进行修正，得到合理的支护结构，见表 9.6。

表 9.6　修正后的砂质土围岩隧道初期支护参数表

围岩级别	埋深类型	喷混凝土/cm	锚杆/cm 纵×横	钢筋网	钢架/cm	预留变形量/cm	开挖方法	预加固参数
$IV_砂$	深埋	30	300 @80×100	φ8 @25	I18@70	8	台阶法（环形开挖留核心土）	加固区围岩强度提高到相当于$IV_砂$水平以上
	浅埋	30	300 @80×100	φ8 @25	I18@70	8		
	超浅埋	30	300 @80×100	φ8 @25	I18@70	8		
	偏压	30	300 @80×100	φ8 @25	I18@70	8		
$V_上$	深埋	30	300 @80×100	φ8 @20	I18@70	10	CD 法	加固区围岩强度提高到相当于$IV_砂$水平以上
	浅埋	30	300 @80×100	φ8 @20	I18@70	10		
	超浅埋	30	300 @80×100	φ8 @20	I18@70	10	台阶法（环形开挖留核心土）	加固区围岩强度提高到相当于$IV_砂$水平以上
	偏压	30	300 @80×100	φ8 @20	I18@70	10		
$V_下$	深埋	30（含仰拱）	300 @70×90	φ8 @20	I18@70	10	CRD 法	加固区围岩强度提高到相当于$IV_砂$水平
	浅埋	30（含仰拱）	300 @70×90	φ8 @20	I18@70	10		
	超浅埋	30（含仰拱）	300 @70×90	φ8 @20	I18@70	10	CD 法	加固区围岩强度提高到相当于$IV_砂$水平以上
	偏压	30（含仰拱）	300 @70×90	φ8 @20	I18@70	10		
VI	根据试验、计算确定							

注：各级砂质土围岩均需设置仰拱。

9.4 本章小结

本章在前面砂质土围岩分级研究成果的基础上，结合双车道公路隧道特点，通过理论分析、实例统计、有限差分数值分析等方法，确定各级砂质土围岩下的隧道设计参数。通过调整，最终得到了砂质土双车道隧道设计参数表（表9.6）。

结　　论

本书以原交通部（现交通运输部）西部科技项目"公路隧道围岩分级指标体系与动态分类方法研究"为依托，完成了此项目的子课题"砂质土围岩分级方法研究"的研究，建立了砂质土围岩分级方法体系。

1. 本研究主要结论

1.1　给出了砂质土围岩分级指标体系

通过国内外相关资料的检索，在了解砂土质围岩分级的研究现状的基础上，确定出影响砂质土围岩自稳性的所有因素。在样本量较少的情况下，应用指标采用率分析方法，对砂质土围岩自稳性影响因素进行分析，确定出主要影响因素作为围岩分级指标。根据围岩分级指标在实际工程中使用的广泛性程度不同，又分为基本分级指标和修正指标。通过研究，确定砂质土围岩的基本分级指标为细粒含量、密实程度、细粒含水量，修正指标为地下水状态。

1.2　给出了砂质土围岩分级指标值获取方法

围岩分级指标值有两种表达形式，一种是定性值，一种是定量值，在实际隧道工程中，指标的定性值一般较易获得，定量值获得要相对困难一些。在围岩分级研究中，一般都会研究定量值和定性值的对应关系，有定量值即可确定定性值。但有定性值一般只能获得定量值的范围，不能得到精确的定量值。

砂质土围岩分级采用的基本指标为密实程度、细粒含量、细粒含水量，修正指标为地下水状态，其定性值和定量值获取方法见表2.9。

1.3　获得了基本分级指标对砂质土围岩力学性能的影响规律

围岩自稳性是由围岩的物理力学性质决定的。为此，本次根据砂质土围岩分级指标体系，首先列出各指标可能存在的指标值，将砂质土围岩分级指标体系中各指标值进行组合，对每种组合做成土工小试件，进行压缩及直剪室内试验，获得该种组合物理力学参数，如 γ、C、φ 及 E 值等。

分别研究各指标值变化对 C、φ 及 E 值的影响规律，根据这一规律，将砂质土围岩分级指标体系中的各指标值组合进行分段，分段情况见表 3.8 及表 3.9。砂质土围岩的各物理力学指标值在各指标的每一分段值范围内，基本保持在一个相对固定的范围内，即在此范围内，可以认为物理力学指标值基本不变或变化很小。结合试验情况分析，将分级指标所对应的分段进行组合，得到砂质土围岩分级指标值组合情况，共有 17 种组合，如表 3.10 所示。这 17 种组合可以反映所有砂质土围岩的稳定状态。

1.4 提出了砂质土围岩基本质量指标 SBQ 的定义

由于直接研究三个基本分级指标与砂质土围岩自稳性的关系是难于实现的，故从砂质土受力破坏的力学角度出发，参照《工程岩体分级标准》中岩体基本质量指标 BQ 的提法，提出砂质土围岩基本质量指标 SBQ 的定义，其计算公式见式 (4.4)。指标 SBQ 是一个无量纲量，涵盖了砂质土的抗力及荷载效应，并且使力学强度指标值 C、φ 及 γ 有机结合在一起，避免了三指标的相互割裂，此值越大，说明围岩的基本质量越好，说明开挖后稳定程度越高。本定义的提出，目的在于建立砂质土围岩利用基本分级指标评价围岩自稳性的中间桥梁，即 SBQ 值可以作为评定围岩自稳性的定量判定基准，为砂质土围岩分级方法的研究打下基础。

利用数据曲线图和数理统计分析的方法，研究了 SBQ 值与三个基本分级指标的关系。研究发现，SBQ 值与基本分级指标值具有很好的相关性。基本分级指标对 SBQ 的影响可以分为三种情况，利用逐步回归的统计分析方法得到了三种分级指标值组合情况下的预测 SBQ 值的表达式，见表 4.13。

利用相关分析、聚类分析的方法，研究了砂质土围岩各力学指标与 SBQ 的关系。研究表明，围岩各力学指标与 SBQ 具有良好的相关性，进一步证明利用 SBQ 是可以描述砂质土围岩的力学性能的。利用多元回归分析方法，得到了利用 SBQ 值来预测砂质土围岩物理力学指标的定量表达式，见表 4.17。

砂质土围岩基本质量指标 SBQ 的工程意义在于使砂质土围岩分级实现了：利用现场易于获取的基本分级指标评价 SBQ，再利用 SBQ 进行自稳性分级，最后利用 SBQ 评定围岩力学指标的定量分级方法成为可能。

1.5 给出了砂质土围岩自稳性分组

以 SBQ 值作为砂质土围岩分级指标值分段组合分组的基准，通过试验研究，将指标值分段组合分为 4 个组别，见表 5.3 及表 5.5。

对每一组合的砂质土围岩进行大量的数值分析和模型试验，获得每一组砂质土围岩自稳性，具体见表 5.17。

1.6 建立了砂质土围岩分级方法

围岩分级标准包括理论标准和实用标准，实用标准有两种表达形式，即定性组合实用分级标准（即组合标准）和定量综合实用分级标准（即综合标准）。

由于隧道所处围岩情况千差万别，种类繁多，因此，必须根据围岩分级的目的，制定出统一的围岩分级标准，这样才能保证各种类型的围岩在分级上保持一致，可见，围岩分级标准必须反映围岩本质特性。研究表明，围岩自稳性是围岩本质特性的反映，因此，应以围岩的自稳性为指标，制定出统一的围岩分级标准。围岩自稳跨度是围岩自稳性的综合反映，为此，可根据围岩自稳跨度制定统一的围岩分级标准，该标准实际上是围岩分级的理论标准。本次研究以现行《公路隧道设计规范》中的稳定性分级标准为参考（表6.1），根据砂质土围岩自稳性研究结果，制定了砂质土围岩分级理论标准，见表6.3。

根据砂质土围岩自稳性与其分级指标体系中各指标值组合的对应关系，结合分级理论标准，确定砂质土围岩分级指标体系中各指标值组合与围岩级别的关系，由此建立砂质土围岩定性组合实用分级标准，见表6.4。

根据砂质土围岩分级指标体系中各指标值组合，通过试验确定定量综合指标值 *SBQ* 的预测方法和判别基准，由此得到砂质土围岩定量综合分级标准（表6.5）。

砂质土围岩定性组合分级方法和定量综合分级方法适用于地下水位以上或渗透水不严重的土质围岩分级，当围岩处于地下水位以下或渗透水严重时，应根据地下水状态对围岩分级进行修正。砂质土围岩修正方法见表6.6。

1.7 给出了砂质土围岩物理力学指标值

通过大量现场试验及实际调研资料分析，获得围岩物理力学指标值，然后通过室内土工试验进行检验，最终确定各级围岩对应的物理力学指标值，见表7.22。

1.8 给出了砂质土围岩的双车道公路隧道设计参数

本章在前面砂质土围岩分级研究成果的基础上，结合双车道公路隧道特点，通过理论分析、实例统计、有限元数值分析等方法，确定各级砂质土围岩下的隧道设计参数。通过计算调整，最终得到了砂质土双车道隧道设计参数表，见表9.6。

1.9 砂质土公路隧道围岩分级方法验证

砂质土围岩分级方法验证包括砂质土围岩定性组合分级方法和定量综合分级方法验证。通过对砂质土围岩分级方法的验证，综合符合率达80%以上，具体见表8.8。

2. 需进一步研究的内容

（1）限于精力，本书没有就地下水对砂质土围岩自稳性的影响的问题做定量研究，只根据以往的有关规范给出了定性的修正方法。此部分工作还有待于进一步研究。

（2）由于实际工程中对砂质土围岩物性参数提供得很少，所以没有办法完全利用本次研究所得到的分级指标进行工程验证，有待进一步在实际工程中应用，以验证本分级方法的正确性与适用性。

（3）本研究提出的利用砂质土围岩基本质量指标 *SBQ* 作为砂质土围岩分级综合基准，以及利用 *SBQ* 值进行围岩物理力学指标值的预测方法，能否适用于其他土质或类土质围岩，还有待于进一步研究证明。

（4）模型试验中，由于测试隧道围岩周边位移的装置是在开挖后安装，开挖后瞬时位移无法测得，得到的变形数据只是围岩后期变形值，故在本书中没有详细分析，有待进一步研究。

（5）本次研究得到的双车道砂质土公路隧道设计参数，是在调研及数值分析的基础上得到的，其适用性还有待进一步研究和现场验证。

附录　试验组合及试验结果

细粒含量/%	相对密实度	细粒含水量/%	重度 γ / (kN/m³)	黏聚力 C/kPa	内摩擦角 φ/°	侧压力系数 K_0	泊松比 μ	SBQ	压缩模量 E_{1-2}/kPa	变形模量 E_0/kPa
2	0.10	18.75	15.90	4.83	35.37	0.42	0.30	0.73		
5	0.10	18.75	15.71	13.71	29.27	0.51	0.34	0.60		
10	0.10	18.75	15.26	3.84	31.40	0.48	0.32	0.62		
15	0.10	18.75	15.12	7.79	29.60	0.51	0.34	0.59		
20	0.10	18.75	15.24	10.20	27.81	0.53	0.35	0.56		
25	0.10	18.75	14.78	12.74	25.87	0.56	0.36	0.53		
30	0.10	18.75	15.27	8.12	32.26	0.47	0.32	0.66		
37	0.10	18.75	14.30	3.74	30.43	0.49	0.33	0.60		
45	0.10	18.75	14.65	9.45	29.98	0.50	0.33	0.61		
2	0.27	18.75	16.12	7.60	35.89	0.41	0.29	0.75	35 505	26 904
5	0.27	18.75	16.00	5.39	32.55	0.46	0.32	0.66	33 537	23 744
10	0.27	18.75	15.70	7.56	30.16	0.50	0.33	0.61	20 276	13 572
15	0.27	18.75	15.60	8.95	30.51	0.49	0.33	0.62	13 721	9 265
20	0.27	18.75	15.77	10.20	29.43	0.51	0.34	0.60	6 711	4 409
25	0.27	18.75	15.36	18.68	25.96	0.56	0.36	0.55	3 249	1 934
30	0.27	18.75	15.85	14.64	31.12	0.48	0.33	0.65	4 295	2 943
37	0.27	18.75	15.01	6.05	32.12	0.47	0.32	0.65	1 209	848
45	0.27	18.75	15.36	14.73	30.45	0.49	0.33	0.64	1 547	1 043
2	0.50	18.75	16.43	7.36	37.86	0.39	0.28	0.80	36 861	28 927
5	0.50	18.75	16.40	22.43	29.71	0.50	0.34	0.64	35 511	23 500
10	0.50	18.75	16.33	13.85	30.96	0.49	0.33	0.64	26 124	17 831
15	0.50	18.75	16.31	17.32	28.84	0.52	0.34	0.60	17 287	11 182
20	0.50	18.75	16.55	9.92	30.98	0.49	0.33	0.63	9 985	6 820
25	0.50	18.75	16.21	21.32	28.50	0.52	0.34	0.61	9 655	6 188
30	0.50	18.75	16.70	22.57	30.79	0.49	0.33	0.66	8 221	5 588
37	0.50	18.75	16.09	15.59	32.12	0.47	0.32	0.68	5 711	4 005
45	0.50	18.75	16.44	15.77	32.25	0.47	0.32	0.68	9 501	6 682
2	0.67	18.75	16.67	12.56	35.15	0.42	0.30	0.74	42 037	31 408
5	0.67	18.75	16.71	6.28	33.42	0.45	0.31	0.68	39 326	28 377
10	0.67	18.75	16.83	9.76	30.40	0.49	0.33	0.62	39 230	26 413
15	0.67	18.75	16.87	12.08	29.61	0.51	0.34	0.60	24 802	16 373
20	0.67	18.75	17.19	5.02	36.07	0.41	0.29	0.74	19 703	14 981
25	0.67	18.75	16.91	7.34	35.31	0.42	0.30	0.73	12 066	9 044
30	0.67	18.75	17.40	5.02	35.31	0.42	0.30	0.72	9 232	6 920
37	0.67	18.75	17.00	11.59	33.22	0.45	0.31	0.69	14 542	10 448
45	0.67	18.75	17.34	17.39	31.76	0.47	0.32	0.67	11 164	7 765

续上表

细粒 含量/%	相对 密实度	细粒含 水量/%	重度 $\gamma/$（ kN/m^3 ）	黏聚力 C/kPa	内摩擦角 $\varphi/°$	侧压力 系数 K_0	泊松比 μ	SBQ	压缩模量 E_{1-2}/kPa	变形模量 E_0/kPa
2	0.83	18.75	16.89	17.58	38.35	0.38	0.28	0.84	49 832	39 428
5	0.83	18.75	17.01	21.04	31.81	0.47	0.32	0.68	48 551	33 809
10	0.83	18.75	17.33	18.44	34.95	0.43	0.30	0.75	41 371	30 791
15	0.83	18.75	17.43	19.71	33.99	0.44	0.31	0.73	40 333	29 449
20	0.83	18.75	17.82	31.92	29.65	0.51	0.34	0.66	24 017	15 871
25	0.83	18.75	17.62	31.30	28.58	0.52	0.34	0.63	20 024	12 864
30	0.83	18.75	18.11	45.05	28.70	0.52	0.34	0.67	20 595	13 271
37	0.83	18.75	17.95	27.24	34.22	0.44	0.30	0.76	17 198	12 616
45	0.83	18.75	18.29	36.17	32.99	0.46	0.31	0.75	15 529	11 101
2	0.10	30.69	15.94	5.61	34.61	0.43	0.30	0.71		
5	0.10	30.69	15.80	1.23	32.70	0.46	0.31	0.65		
10	0.10	30.69	15.43	4.94	31.07	0.48	0.33	0.62		
15	0.10	30.69	15.37	7.28	29.34	0.51	0.34	0.59		
20	0.10	30.69	15.57	4.16	28.60	0.52	0.34	0.56		
25	0.10	30.69	15.18	7.99	27.11	0.54	0.35	0.54		
30	0.10	30.69	15.77	12.94	27.09	0.54	0.35	0.55		
37	0.10	30.69	14.87	3.86	26.32	0.56	0.36	0.51		
45	0.10	30.69	15.35	6.99	27.91	0.53	0.35	0.55		
2	0.27	30.69	16.16	9.88	33.71	0.44	0.31	0.70		
5	0.27	30.69	16.09	7.54	33.76	0.44	0.31	0.69		
10	0.27	30.69	15.87	6.32	31.29	0.48	0.32	0.63		
15	0.27	30.69	15.86	8.50	29.85	0.50	0.33	0.60		
20	0.27	30.69	16.12	7.37	28.95	0.52	0.34	0.58		
25	0.27	30.69	15.77	10.11	27.55	0.54	0.35	0.55		
30	0.27	30.69	16.36	10.30	29.11	0.51	0.34	0.59		
37	0.27	30.69	15.61	4.38	27.20	0.54	0.35	0.53	1 529	945
45	0.27	30.69	16.10	16.15	25.76	0.57	0.36	0.53	1 184	700
2	0.50	30.69	16.47	8.49	34.83	0.43	0.30	0.72		
5	0.50	30.69	16.49	11.27	33.47	0.45	0.31	0.70		
10	0.50	30.69	16.51	7.83	32.38	0.46	0.32	0.66		
15	0.50	30.69	16.58	9.66	30.92	0.49	0.33	0.63		
20	0.50	30.69	16.92	10.48	29.51	0.51	0.34	0.60		
25	0.50	30.69	16.65	16.68	26.23	0.56	0.36	0.54		
30	0.50	30.69	17.25	12.09	30.71	0.49	0.33	0.63		
37	0.50	30.69	16.73	11.14	25.78	0.57	0.36	0.52	3 227	1 910
45	0.50	30.69	17.23	17.19	27.89	0.53	0.35	0.58	3 215	2 027

续上表

细粒含量/%	相对密实度	细粒含水量/%	重度 $\gamma/(kN/m^3)$	黏聚力 C/kPa	内摩擦角 $\varphi/°$	侧压力系数 K_0	泊松比 μ	SBQ	压缩模量 E_{1-2}/kPa	变形模量 E_0/kPa
2	0.67	30.69	16.70	8.02	37.00	0.40	0.28	0.78		
5	0.67	30.69	16.81	18.35	30.29	0.50	0.33	0.64		
10	0.67	30.69	17.02	8.31	29.67	0.51	0.34	0.59		
15	0.67	30.69	17.15	8.21	32.17	0.47	0.32	0.65		
20	0.67	30.69	17.56	10.92	31.16	0.48	0.33	0.64		
25	0.67	30.69	17.37	9.27	30.88	0.49	0.33	0.62		
30	0.67	30.69	17.97	14.39	28.93	0.52	0.34	0.59		
37	0.67	30.69	17.67	5.70	29.34	0.51	0.34	0.58	5 353	3 509
45	0.67	30.69	18.18	11.79	28.02	0.53	0.35	0.56	4 466	2 825
2	0.83	30.69	16.93	12.73	35.90	0.41	0.29	0.76		
5	0.83	30.69	17.11	24.56	34.98	0.43	0.30	0.77		
10	0.83	30.69	17.52	23.92	33.10	0.45	0.31	0.72		
15	0.83	30.69	17.72	15.46	33.99	0.44	0.31	0.72		
20	0.83	30.69	18.22	15.21	33.27	0.45	0.31	0.70		
25	0.83	30.69	18.10	18.29	31.89	0.47	0.32	0.67		
30	0.83	30.69	18.70	25.69	29.85	0.50	0.33	0.64		
37	0.83	30.69	18.66	19.90	28.75	0.52	0.34	0.60	9 893	6 385
45	0.83	30.69	19.17	29.00	28.50	0.52	0.34	0.62	6 621	4 244
2	0.10	37.85	15.96	9.80	33.18	0.45	0.31	0.68		
5	0.10	37.85	15.85	9.81	32.28	0.47	0.32	0.66		
10	0.10	37.85	15.54	7.60	29.79	0.50	0.33	0.60		
15	0.10	37.85	15.52	2.06	30.34	0.49	0.33	0.59		
20	0.10	37.85	15.77	3.02	28.33	0.53	0.34	0.55		
25	0.10	37.85	15.43	3.93	28.67	0.52	0.34	0.56		
30	0.10	37.85	16.07	5.48	28.04	0.53	0.35	0.55		
37	0.10	37.85	15.21	0.71	27.90	0.53	0.35	0.53		
45	0.10	37.85	15.77	8.12	26.09	0.56	0.36	0.52		
2	0.27	37.85	16.18	5.23	34.78	0.43	0.30	0.71	39 764	29 496
5	0.27	37.85	16.14	11.04	32.15	0.47	0.32	0.66	29 219	20 506
10	0.27	37.85	15.98	0.95	32.83	0.46	0.31	0.65	9 985	7 113
15	0.27	37.85	16.02	8.82	28.84	0.52	0.34	0.58	9 488	6 137
20	0.27	37.85	16.33	1.79	29.95	0.50	0.33	0.58	5 564	3 704
25	0.27	37.85	16.03	9.72	26.05	0.56	0.36	0.52	2 687	1 604
30	0.27	37.85	16.67	12.00	26.78	0.55	0.35	0.54	3 726	2 274
37	0.27	37.85	15.97	0.45	28.32	0.53	0.34	0.54	1 827	1 166
45	0.27	37.85	16.54	8.50	25.88	0.56	0.36	0.51	1 419	843

续上表

细粒含量/%	相对密实度	细粒含水量/%	重度 γ/（kN/m³）	黏聚力 C/kPa	内摩擦角 φ/°	侧压力系数 K_0	泊松比 μ	SBQ	压缩模量 $E_{1\text{-}2}$/kPa	变形模量 E_0/kPa
2	0.50	37.85	16.49	13.72	33.40	0.45	0.31	0.70	38 507	27 774
5	0.50	37.85	16.55	18.85	31.89	0.47	0.32	0.68	30 495	21 274
10	0.50	37.85	16.62	4.24	32.07	0.47	0.32	0.64	17 849	12 503
15	0.50	37.85	16.74	5.28	32.20	0.47	0.32	0.65	9 497	6 672
20	0.50	37.85	17.14	6.14	30.11	0.50	0.33	0.60	9 041	6 044
25	0.50	37.85	16.92	9.79	27.81	0.53	0.35	0.56	5 167	3 249
30	0.50	37.85	17.58	8.50	29.03	0.51	0.34	0.58	2 671	1 737
37	0.50	37.85	17.12	5.28	27.20	0.54	0.35	0.53	2 204	1 362
45	0.50	37.85	17.71	13.98	25.03	0.58	0.37	0.51	2 063	1 192
2	0.67	37.85	16.73	10.63	34.57	0.43	0.30	0.72	45 218	33 403
5	0.67	37.85	16.86	0.10	35.11	0.42	0.30	0.70	41 290	30 831
10	0.67	37.85	17.13	5.31	32.47	0.46	0.32	0.65	27 973	19 773
15	0.67	37.85	17.32	12.08	31.08	0.48	0.33	0.64	17 688	12 108
20	0.67	37.85	17.79	10.24	31.65	0.48	0.32	0.65	6 617	4 590
25	0.67	37.85	17.64	0.10	32.79	0.46	0.31	0.64	10 268	7 308
30	0.67	37.85	18.31	8.11	31.31	0.48	0.32	0.63	8 692	5 982
37	0.67	37.85	18.08	9.76	27.13	0.54	0.35	0.54	3 880	2 393
45	0.67	37.85	18.68	2.99	28.24	0.53	0.35	0.55	3 410	2 170
2	0.83	37.85	16.95	17.40	36.10	0.41	0.29	0.78	46 271	35 203
5	0.83	37.85	17.17	14.29	35.98	0.41	0.29	0.77	44 151	33 516
10	0.83	37.85	17.64	16.26	34.08	0.44	0.31	0.72	27 946	20 441
15	0.83	37.85	17.90	18.42	30.84	0.49	0.33	0.65	20 506	13 956
20	0.83	37.85	18.45	12.00	31.30	0.48	0.32	0.64	19 618	13 498
25	0.83	37.85	18.39	17.26	29.60	0.51	0.34	0.61	16 632	10 975
30	0.83	37.85	19.05	9.63	31.64	0.48	0.32	0.64	16 168	11 215
37	0.83	37.85	19.09	9.14	29.17	0.51	0.34	0.58	8 583	5 602
45	0.83	37.85	19.69	15.68	24.53	0.58	0.37	0.50	9 849	5 598
2	0.10	43.29	15.98	18.16	32.69	0.46	0.32	0.70		
5	0.10	43.29	15.89	7.04	32.77	0.46	0.31	0.67		
10	0.10	43.29	15.61	2.73	30.01	0.50	0.33	0.59		
15	0.10	43.29	15.64	0.32	30.18	0.50	0.33	0.58		
20	0.10	43.29	15.93	2.74	31.39	0.48	0.32	0.62		
25	0.10	43.29	15.61	3.35	27.55	0.54	0.35	0.53		
30	0.10	43.29	16.29	0.09	30.05	0.50	0.33	0.58		
37	0.10	43.29	15.47	0.71	28.93	0.52	0.34	0.55		
45	0.10	43.29	16.09	2.83	25.30	0.57	0.36	0.48		

续上表

细粒含量/%	相对密实度	细粒含水量/%	重度 γ/(kN/m³)	黏聚力 C/kPa	内摩擦角 φ/°	侧压力系数 K_0	泊松比 μ	SBQ	压缩模量 $E_{1\text{-}2}$/kPa	变形模量 E_0/kPa
2	0.27	43.29	16.20	12.48	33.44	0.45	0.31	0.70		
5	0.27	43.29	16.18	6.68	33.05	0.45	0.31	0.67		
10	0.27	43.29	16.06	4.90	31.94	0.47	0.32	0.64		
15	0.27	43.29	16.14	7.60	29.26	0.51	0.34	0.58		
20	0.27	43.29	16.48	3.40	31.70	0.47	0.32	0.63		
25	0.27	43.29	16.22	7.73	26.76	0.55	0.35	0.53		
30	0.27	43.29	16.91	9.45	25.97	0.56	0.36	0.51		
37	0.27	43.29	16.24	1.93	27.64	0.54	0.35	0.53		
45	0.27	43.29	16.88	2.83	24.57	0.58	0.37	0.47		
2	0.50	43.29	16.51	10.69	37.59	0.39	0.28	0.80		
5	0.50	43.29	16.59	11.89	33.85	0.44	0.31	0.71		
10	0.50	43.29	16.71	8.63	30.96	0.49	0.33	0.63		
15	0.50	43.29	16.86	10.95	28.67	0.52	0.34	0.58		
20	0.50	43.29	17.30	9.73	30.83	0.49	0.33	0.59		
25	0.50	43.29	17.12	1.55	31.24	0.48	0.32	0.61		
30	0.50	43.29	17.82	6.61	28.21	0.53	0.35	0.56		
37	0.50	43.29	17.41	1.67	28.50	0.52	0.34	0.55		
45	0.50	43.29	18.07	12.00	18.78	0.68	0.40	0.37		
2	0.67	43.29	16.74	11.79	32.85	0.46	0.31	0.68		
5	0.67	43.29	16.90	8.31	32.98	0.46	0.31	0.67		
10	0.67	43.29	17.22	8.31	31.42	0.48	0.32	0.64		
15	0.67	43.29	17.44	0.00	35.11	0.42	0.30	0.70		
20	0.67	43.29	17.96	9.37	32.08	0.47	0.32	0.65		
25	0.67	43.29	17.86	6.28	30.43	0.49	0.32	0.60		
30	0.67	43.29	18.57	3.77	31.50	0.48	0.32	0.62		
37	0.67	43.29	18.39	0.00	30.08	0.50	0.33	0.58		
45	0.67	43.29	19.06	11.21	16.12	0.72	0.42	0.32		
2	0.83	43.29	16.97	12.35	38.75	0.37	0.27	0.84		
5	0.83	43.29	17.21	21.01	35.46	0.42	0.30	0.77		
10	0.83	43.29	17.73	19.63	34.27	0.44	0.30	0.74		
15	0.83	43.29	18.03	6.70	34.75	0.43	0.30	0.71		
20	0.83	43.29	18.63	9.16	32.46	0.46	0.32	0.66		
25	0.83	43.29	18.61	7.60	31.96	0.47	0.32	0.64		
30	0.83	43.29	19.32	11.43	29.98	0.50	0.33	0.61		
37	0.83	43.29	19.42	4.70	29.43	0.51	0.34	0.58	3 730	2 450
45	0.83	43.29	20.10	13.60	11.45	0.80	0.44	0.24	3 486	1 000

续上表

细粒含量/%	相对密实度	细粒含水量/%	重度 γ / (kN/m³)	黏聚力 C/kPa	内摩擦角 φ/°	侧压力系数 K_0	泊松比 μ	SBQ	压缩模量 $E_{1\text{-}2}$/kPa	变形模量 E_0/kPa
2	0.10	49.31	16.00	23.26	31.61	0.48	0.32	0.69		
5	0.10	49.31	15.94	8.24	31.30	0.48	0.32	0.63		
10	0.10	49.31	15.70	6.24	28.92	0.52	0.34	0.57		
15	0.10	49.31	15.77	0.13	29.60	0.51	0.34	0.57		
20	0.10	49.31	16.10	0.09	30.98	0.49	0.33	0.60		
25	0.10	49.31	15.81	1.16	28.58	0.52	0.34	0.55		
30	0.10	49.31	16.54	0.38	30.38	0.49	0.33	0.59		
37	0.10	49.31	15.76	1.42	23.68	0.60	0.37	0.44		
45	0.10	49.31	16.45	13.22	12.25	0.79	0.44	0.26		
2	0.27	49.31	16.22	22.18	34.16	0.44	0.30	0.75	32 518	23 827
5	0.27	49.31	16.23	11.13	30.98	0.49	0.33	0.63	14 107	9 635
10	0.27	49.31	16.15	4.32	30.79	0.49	0.33	0.61	9 105	6 189
15	0.27	49.31	16.27	5.22	28.67	0.52	0.34	0.56	3 797	2 445
20	0.27	49.31	16.66	3.40	30.48	0.49	0.33	0.60	3 620	2 442
25	0.27	49.31	16.43	0.64	29.17	0.51	0.34	0.56	2 005	1 308
30	0.27	49.31	17.17	0.76	30.24	0.50	0.33	0.59	1 971	1 322
37	0.27	49.31	16.54	2.96	22.84	0.61	0.38	0.43	3 488	1 868
45	0.27	49.31	17.25	0.00	13.05	0.77	0.44	0.23	3 156	1 024
2	0.50	49.31	16.53	15.97	34.88	0.43	0.30	0.75	31 276	23 248
5	0.50	49.31	16.64	13.05	33.87	0.44	0.31	0.71	29 954	21 816
10	0.50	49.31	16.80	7.42	32.52	0.46	0.32	0.66	15 194	10 751
15	0.50	49.31	17.00	9.27	28.32	0.53	0.34	0.57	12 680	8 089
20	0.50	49.31	17.49	7.65	30.31	0.50	0.33	0.61	11 106	7 461
25	0.50	49.31	17.34	7.41	27.81	0.53	0.35	0.55	3 835	2 411
30	0.50	49.31	18.10	2.46	31.12	0.48	0.33	0.61	4 850	3 323
37	0.50	49.31	17.73	3.61	19.47	0.67	0.40	0.36	1 894	884
45	0.50	49.31	18.46	12.47	9.92	0.83	0.45	0.21	1 652	414
2	0.67	49.31	16.76	0.00	36.08	0.41	0.29	0.73	39 796	30 267
5	0.67	49.31	16.95	0.00	35.55	0.42	0.30	0.71	39 703	29 893
10	0.67	49.31	17.31	7.34	31.84	0.47	0.32	0.64	24 136	16 817
15	0.67	49.31	17.59	11.98	28.17	0.53	0.35	0.57	17 741	11 270
20	0.67	49.31	18.15	2.42	32.94	0.46	0.31	0.65	14 876	10 624
25	0.67	49.31	18.09	0.00	30.44	0.49	0.33	0.59	2 722	1 835
30	0.67	49.31	18.85	2.80	29.77	0.50	0.33	0.58	3 492	2 314
37	0.67	49.31	18.73	0.00	25.26	0.57	0.36	0.47	2 175	1 266
45	0.67	49.31	19.48	0.00	19.77	0.66	0.40	0.36	2 227	1 053

续上表

细粒含量/%	相对密实度	细粒含水量/%	重度 γ /(kN/m³)	黏聚力 C/kPa	内摩擦角 φ/°	侧压力系数 K_0	泊松比 μ	SBQ	压缩模量 E_{1-2}/kPa	变形模量 E_0/kPa
2	0.83	49.31	16.99	16.31	36.91	0.40	0.29	0.80	45 891	35 427
5	0.83	49.31	17.26	12.00	39.07	0.37	0.27	0.85	40 629	32 521
10	0.83	49.31	17.83	11.83	35.03	0.43	0.30	0.73	26 302	19 610
15	0.83	49.31	18.17	8.82	34.22	0.44	0.30	0.70	19 725	14 470
20	0.83	49.31	18.83	4.82	34.89	0.43	0.30	0.71	18 201	13 532
25	0.83	49.31	18.85	11.91	28.41	0.52	0.34	0.57	8 274	5 291
30	0.83	49.31	19.62	0.38	31.74	0.47	0.32	0.62	8 170	5 680
37	0.83	49.31	19.78	3.74	18.18	0.69	0.41	0.34	4 469	1 963
45	0.83	49.31	20.54	8.03	7.77	0.86	0.46	0.16	2 839	562

参考文献

[1] JTGD 70—2004 公路隧道设计规范[S]. 北京：人民交通出版社，2004.

[2] GB 50218—94 工程岩体分级标准[S]. 北京：中国计划出版社，1995.

[3] 王明年，何林生. 建立公路隧道施工阶段围岩分级的思考. 广东公路交通，1998：125-127.

[4] 王明年，关宝树. 神经网络在地下工程中的应用. 地下空间，1995，15（2）：94-101.

[5] JTG 026—90 公路隧道设计规范[S]. 北京：人民交通出版社，1990.

[6] 杜时贵，周庆良. 公路隧道围岩定量分类系统研究设想和建议. 西安公路交通大学学报，1996，16（4）：32-37.

[7] 彭泽瑞，侯景岩，贺长俊. 城市地铁隧道施工中砂土悬涌塌方机理分析. 市政技术，2003，21（1）.

[8] 杨哲峰，黄常波. 北京地铁王府井站西南风道暗挖工程系统监控量测技术. 探矿工程，2004（2）：57-59.

[9] 秦长利. 北京地下铁道监控量测中的问题及其对策. 工程勘察，1999（6）：45-47.

[10] 王敦诚，胡方田. 车站地下方厅浅埋施工中监控量测技术. 探矿工程，2003（增刊）：99-101.

[11] 杨世武，范鹏，焦苍. 城市超浅埋平顶大跨断面软岩洞室施工数值分析. 隧道建设，2004，24（4）：13-16.

[12] 刘招伟. 城市地下工程暗挖法施工监控量测浅析. 隧道建设，2004，24（1）：30-33.

[13] 孙洪霞. 城市地下工程施工中的监控量测技术. 铁道勘察，2004（1）：67-70.

[14] 城市隧道和地铁车站的施工监控. 隧道译丛，1994（3）：40-52.

[15] FATHALLA EI-NAHHAS. Construction Mo-nitoring of Urban Tunnels and Subway Stations. Tunneling and Underground Space Technology, 1992, 7（4）：425-439.

[16] 宫建岗. 大跨度山岭公路隧道施工. 石家庄铁道学院学报，1999，12（增刊）：27-30.

[17] 李兴成. 长沙火星南路天际岭隧道施工监控量测. 湖南交通科技, 2005, 31 (1): 81-84.

[18] 管振祥. 富水土质隧道变形规律的试验研究. 石家庄铁路工程职业技术学院学报, 2003, 2 (2): 45-49.

[19] 李阶智. 软弱围岩隧道量测与围岩变形特性分析. 铁道建筑, 1999 (11): 2-4.

[20] 王连池, 张庆飞. 土质隧道大变形浅析. 隧道建设, 2001, 21 (12): 5-7.

[21] 周德培, 朱本珍. 土质隧道施工变形分析及控制措施. 广东公路交通, 1998(54):97-101.

[22] 吕勤. 地铁隧道暗挖施工中土层特性对地层变形的影响分析. 现代隧道技术, 2005, 42 (2): 29-32.

[23] 唐颖. 东楼隧道左洞出口病害成因分析. 现代隧道技术, 2005, 42 (3): 23-27.

[24] 阎晓禾. 二郎山隧道崩坡积地段大管棚施工技术. 岩土工程界, 2005, 8 (4): 60-62.

[25] 非粘结性土壤地层中隧道性状的评定. 隧道译丛, 1994 (4): 49-58.

[26] WONG R C K, KAISER P K. Performance Assement of Tunnel in Cohesionless Soils. Journal of Geotechnical Engineering, 1991, 12 (123): 1880-1901.

[27] 张亚平, 柳杨春, 周新华, 等. 风积粉细砂隧道施工中的注浆加固技术. 西部探矿工程, 1995, 7 (6): 62-65.

[28] 张帆. 富水砂层隧道围岩止水施工技术. 石家庄铁道学院学报, 2005, 18 (1): 99-102.

[29] 王静法, 徐伟. 公路浅埋土质隧道塌方原因分析. 公路与汽运, 2005 (3): 150-151.

[30] 荆涛. 公路隧道软弱围岩浅埋段综合施工技术. 铁道建筑, 2005 (4): 42-43.

[31] 李庚许, 袁德友, 汤世明. 黄土、砂砾、涌水地层浅埋隧道施工技术. 铁道标准设计, 2005 (9): 88-91.

[32] 王东, 蒋国勤. 牛头山隧道进口山体塌方的超前预测和处理. 西部探矿工程, 2005 (4).

[33] 王新明. 浅埋公路隧道洞口段施工技术. 铁道标准设计, 2005 (8): 68-69.

[34] 张永刚. 浅谈万家寨引黄工程南 7# 洞土石过渡段的施工方法. 山西水利科技, 1996 (3): 41-44.

[35] 叶跃林. 三车道公路隧道洞口段含水粘土状围岩施工. 现代隧道技术, 2005, 42 (3): 76-80.

[36] 李丰果. 铁路曲线隧道燕尾段穿越堆积体修建技术探讨. 西部探矿工程, 2005 (10): 117-119.

[37] 顾义磊, 李晓红, 赵瑜, 等. 通渝隧道涌突泥成因分析. 岩土力学, 2005, 26(6):920-923.

[38] 林贻森, 李德发, 邹华. 新黄龙隧道塌方处理技术. 铁道标准设计, 2005 (8): 81-82.

[39] 张广洋, 游泳. 徐家梁子隧道进出口施工方法. 现代隧道技术, 2005, 42 (3): 70-75.

[40] GB 50021—2001 岩土工程勘察规范[S]. 北京: 中国建筑工业出版社, 2002.

[41] 用于隧道工程的地质材料分类. 隧道译丛, 1972 (4): 32-41.

[42] 土和岩石分类、岩石荷载及站立时间. 隧道译丛, 1972 (4): 41-46.

[43] 隧道支撑上的荷载. 隧道译丛, 1972 (4): 47-77.

[44] 贺长俊, 周晓敏. "复—八线""大—热"区间含水粉细砂地层水平冻结的隧道施工技术. 地铁与轻轨, 1999 (4): 5-10.

[45] 胡方田. 粉砂地层暗挖隧道穿越人行天桥施工技术. 铁道勘察, 2006 (2): 54-55.

[46] 钟德文, 姚建国, 张继明. 浅埋暗挖隧道下穿高梁桥施工方案分析. 市政技术, 2007,

25（4）：297-299.

[47] 郭永军. 砂卵石富水地层浅埋暗挖隧道施工技术. 科技情报开发与经济，2006，16（3）：293-294.

[48] 郭玉海. 盾构穿越铁路的沉降综合控制技术. 市政技术，2003，21（4）：204-208.

[49] 宋克志，汪波，孔恒，等. 无水砂砾石地层土压盾构施工泡沫技术研究. 岩石力学与工程学报，2005，24（13）：2327-2332.

[50] 黄俊，杨小丽. 暗挖区间隧道穿越软弱地层施工技术. 铁道建筑，2003（10）：58-59.

[51] 李国华. 地铁隧道穿越跨河桥及富水砂层段施工技术. 上海铁道科技，2003（3）：38-39.

[52] 张帆. 富水砂层隧道围岩止水施工技术. 石家庄铁道学院学报，2005，18（1）：99-102.

[53] 凌茂钦. 浅谈深圳地铁施工技术. 中国铁路，2005（3）：58-60.

[54] 吴应明. 深圳地铁区间浅埋暗挖隧道施工与沉降控制. 铁道建筑技术，2005（2）：26-30.

[55] 刘力，石山. 饱和含水砂层注浆施工技术在超浅埋暗挖隧道中的应用. 铁道标准设计，2000，20（5）：36-38.

[56] 石雷. 超浅埋暗挖大跨度隧道过饱和富水砂层开挖与支护. 铁道建设，2006（4）：36-43.

[57] 史文杰. 饱和粉质砂土内浅埋暗挖法施工降水技术. 隧道建设，2005，25（2）：34-35.

[58] 黄芳林，白丽. 饱和水砂质粉土地层中浅埋隧道暗挖施工技术. 地基处理，2007，18（2）：31-34.

[59] 尤显明，晏立忠. 隧道穿越既有铁路轨道加固施工技术. 河南科技，2006（6）：67-68.

[60] 李泽农，陈越粤. 承压水砂性土层隧道构筑技术与运动规律非线性动力学方法研究. 岩土锚固工程，2006（2）：9-14.

[61] 丁光莹，章仁财，罗良友. 大连路隧道江底联络通道冻结施工技术. 地下工程与隧道，2003（3）：30-34.

[62] 肖中平，何川，等. 城市富水砂卵石地层浅埋暗挖电力隧道的设计技术. 铁道建筑，2007（4）：46-48.

[63] 蒋超. 地铁矿山法区间下穿人行地道的设计. 铁道勘测与设计，2007（3）：11-13.

[64] 秦晓东，朱筱菁. 广州地铁区间隧道用加密加长小导管的方法通过饱和砂层. 铁道建筑，1997（6）：8-11.

[65] 蒙晓莲，陈勇书，施仲衡. 软弱混合岩粉砂质粘性土层中暗挖隧道施工技术. 铁道科学与工程学报，2006，3（4）：68-73.

[66] 蔡凌燕. 水平旋喷搅拌技术在广州地铁二号线工程中的应用. 广东水利水电，2002（3）：52-55.

[67] 李宏安，王定峰. 冻结法在南京地铁隧道流砂地层中的应用. 探矿工程，2005（3）：60-62.

[68] 杨金虎，陈家清，何刚，等. 复杂环境条件下砂质粘土隧洞施工监控量测研究. 岩石力学与工程学报，2005，24（24）：4588-4593.

[69] 陈先智，宋海涛，刘建平. 高压喷射注浆法在电缆隧道竖井施工中的应用. 隧道建设，2002，22（3）：22-23，26.

[70] 姜庆滨. 既有地下结构用于地铁工程的可行性研究（I）. 世界地震工程，2005，21（2）：99-104.

[71] 刘大久. 巴格玛迪环保隧道工程施工技术. 建井技术，2002，23（4）：7-9.

[72] 钱伟平，马志富. 宝兰二线新松树湾隧道杂色砂粘土整治对策探讨. 科技交流，2002，32（3）：13-17.

[73] 刘庆伟，王旭光. 采取综合措施使隧道通过砂夹卵石不稳定地层. 铁道建筑，2002（3）：36-37.

[74] 陈豪雄，朱永全. 风积粉细砂地层注浆加固的试验研究和应用. 铁道标准设计，1993（2）：18-24.

[75] 于家宝. 不同辅助方法在风积砂隧道施工中的应用. 铁道标准设计，2005（5）：89-91.

[76] 罗建军. 通过风积砂围岩地段隧道施工技术. 西部探矿工程，2004（5）：97-98.

[77] 刘绍石. 大跨度风积砂隧道施工技术. 国防交通工程与技术，2004，2（2）：39-41.

[78] 顾洪江. 大连疏港高速公路大跨度砂质粘土隧道施工监控量测研究. 北方交通，2006（12）：64-67.

[79] 杨世武，付仲润. 第四纪地层沉井法施工注浆堵水施工技术. 隧道建设，2004，24（3）：43-46.

[80] 刘宏. 电缆隧道斜穿砂砾层施工技术. 中外建筑，2006（4）：136-137.

[81] 李冬杰，纪海荣，朱学洲. 粉砂地层浅埋隧道施工技术. 西部探矿工程，2001（3）：103-104.

[82] 毕竣夫. 高压旋喷桩对海底隧道砾砂层地质条件的改善作用. 铁道勘测与设计，2006（5）：27-29.

[83] 李庚许，袁德友，汤世明. 黄土、砂砾、涌水地层浅埋隧道施工技术. 铁道标准设计，2005（9）：88-91.

[84] 陈俊凯. 酒泉砂砾石隧道施工难题解. 建筑，2004（7）：76-78.

[85] 万建华. 老爷岭隧道砂砾段上下导坑超前新奥法施工. 铁道建设，1992（2）：49-52.

[86] 李树良，刘兰利. 流砂地层双套管地表注浆技术. 铁道建筑技术，1997（4）：19-20.

[87] 颜杜民. 迈式注浆钻进锚杆在老鸦峡隧道砂卵岩层中的应用. 地质与勘探，2003，39（1）：93-94.

[88] 付仲润，韩忠存. 某长江穿越隧道竖井淹井处理技术. 隧道建设，2006，26（2）：57-60.

[89] 马时冬，周小文，包承纲. 南水北调中线穿黄隧道砂基动力特性研究. 岩土工程学报，2003，25（2）：144-148.

[90] 吕金林，关少威，周太升，等. 强风化破碎坡积松散碎石砂土岭隧道进洞施工技术. 北方交通，2007（2）：66-69.

[91] 张军玲. 神盘隧道穿越砂层施工技术. 山西建筑，2005，31（11）：231-232.

[92] 陈焕新. 隧道斜井穿越含水砾石层的施工技术. 山西建筑，2004，30（22）：203-205.

[93] 秦天，周健，孔戈. 武汉长江隧道工程场地粉细砂基于 GDS 的液化研究. 岩土工程界，2006，10（5）：33-36.

[94] 小泉光正. 在覆盖层浅的砂土地层中开挖三车道隧道. 马积薪，译. 隧道译丛，1992（1）：42-5l.

[95] 兰丽敏. 在软弱砾质砂岩中开挖三车道扁平大断面隧道. 世界隧道，2001，22（1）：27-33.

[96] 新井克已，卿光全. 在土砂地层中大断面双孔隧道的施工：阪神高速公路北神户线井吹隧道. 隧道译丛，1992（4）：21-29.

[97] 叶向阳，罗文贤. 台湾高铁隧道施工现况. 岩石力学与工程学报，2004，23（增 2）：4692-4703.

[98] 张吉佐，侯秉承，李民政，等. 台湾地区岩体分类系统之建立. 岩石力学与工程学报，2004，23（增2）：4679-4684.

[99] 沈中其，关宝树. 铁路隧道围岩分级方法. 成都：西南交通大学出版社，2000.

[100] 朱小林. 由原位测试估算砂土岩土参数的方法. 同济大学学报，1995，23（3）：333-337.

[101] 黄涛. 一种用标贯击数直接确定粉土、砂土压缩模量的方法. 勘察科学技术，1997(5)：11-13.

[102] 张喜发. 岩土工程勘察与评价. 长春：吉林科学技术出版社，1995：165-167.

[103] 唐贤强，谢瑛，谢树彬. 地基工程原位测试技术. 北京：中国铁道出版社，1993：97-100.

[104] 张喜发，刘超臣，栾作田，等. 工程地质原位测试. 北京：地质出版社，1989：25.

[105] 艾军，张锦生，龚丽. 大兴安岭地区风化砂砾土物理力学性质的研究. 森林采运科学，1993，9（1）：62-65.

[106] 王晓峰. 齐齐哈尔城区风成砂土的物理力学指标的统计与分析. 黑龙江地质，1994，5（3）：48-53.

[107] 杜学玲，苏明，张喜发. 沙漠砂抗剪强度特征及其与静力触探指标间的关系. 水文地质工程地质，2000（5）：12-14.

[108] 陈洪凯，翁其能，袁建议，等. 重庆库区典型松散土体的岩土力学参数敏感性试验分析. 重庆大学学报：自然科学版，2000，23：203-206.

[109] 陈继，张喜发，程永辉. 沙漠砂变形模量研究. 岩土工程技术，2002（3）：152-155.

[110] 杨小荟，王玉宝，崔东，等. 古尔班通古特沙漠砂的物理力学性质. 中国沙漠，2005，25（4）：563-569.

[111] 王淑云，鲁晓兵，时忠民. 颗粒级配和结构对粉砂力学性质的影响. 岩土力学，2005，26（7）：1029-1032.

[112] 杜学玲，杨俊彪，张喜发. 沙漠砂抗剪强度指标与原位测试指标关系研究. 岩土力学，2005，26（5）：837-840.

[113] 万志杰. 用物性指标评价砂砾石的力学指标. 西藏科技，2005（12）：55-56.

[114] 郭庆国. 粗粒土的工程特性及应用. 郑州：黄河水利出版社，1998：16-21.

[115] 胡广韬，杨文远. 工程地质学. 北京：地质出版社，1984.

[116] 张倬元. 工程地质勘察. 北京：地质出版社，1981.

[117] 《工程地质手册》编写组. 工程地质手册. 北京：中国建筑工业出版社，1982.

[118] 陈希哲. 土力学地基基础. 北京：清华大学出版社，1998.

[119] TB 10003—2005 铁路隧道设计规范[S]. 北京：中国铁道出版社，2005.

[120] 谭忠盛，高波，关宝树. 隧道围岩抗剪强度指标 C，$\tan\varphi$ 的概率特征. 岩土工程学报，1999，21（6）：760-762.

[121] 伍佑伦，许梦国. 根据工程岩体分级选择岩体力学参数的探讨. 武汉科技大学学报：自然科学版，2002，25（1）：22-24.

[122] MOHAMMAND N. The Relation between in Situ and Laboratory Rock Properties Used in Numerical Modeling. Int. J. Rockmech. Min. Sci. 1997，34（2）：289-297.

[123] TERZAGHI K. Rock defests and loads on tunnel supports. Rock tunneling with steel supports, 1946: 15-90.

[124] LAUFFER H. C-ebirgsklassifizierungfur den stollenbau. Geologie and bauwesen, 1958, 24: 46-51.

[125] トンネル切羽安定性の評価に関する一考察. 隧道与地下, 1998 (3): 41-48.

[126] 络以道, 王钊, 范景相. 一种非饱和土抗剪强度的预测方法. 大坝观测与土工测试, 2001, 25 (6): 41.

[127] 赵慧丽, 张弥, 李兆平. 含水量对北京地区非饱和土抗剪强度影响的试验研究. 石家庄铁道学院学报, 2001, 14 (4): 30-33.

[128] 余宏明, 胡艳欣, 唐辉明. 红色泥岩风化含砾粘土的抗剪强度参数与物理性质相关性研究. 地质科技情报, 2002, 21 (4): 93-95.

[129] 罗小龙. 含水率对粘性土体力学强度的影响. 岩土工程界, 2002, 5 (7): 52-53.

[130] 刘连喜, 廖建生. 利用土的物理指标确定土的抗剪强度. 城市勘测, 2003 (3): 13-14.

[131] 刘雷激, 朱平一, 张军. 泥石流源地土抗剪强度指数 φ, C 值同含水量 Q 的关系. 山地研究, 1998, 16 (2): 99-102.

[132] 唐良琴, 聂德新, 任光明. 软弱夹层粘粒含量与抗剪强度参数的关系分析. 中国地质灾害与防治学报, 2003, 14 (2): 56-60.

[133] 项伟. 软弱夹层粘粒含量与抗剪强度参数之间的经验公式. 水文地质工程地质, 1989 (5): 45-46.

[134] 唐良琴, 聂德新, 任光明. 软弱结构面粒度成分与抗剪强度参数的关系探讨. 工程地质学报, 2003, 11 (2): 143-147.

[135] 毛守仁. 三峡花岗岩风化砂的工程性质. 葛洲坝水电, 1997 (2): 35-40.

[136] 李会中, 潘玉珍, 王复兴. 三峡库区奉节县新城区滑坡带土抗剪参数试验研究. 湖北地矿, 2002, 16 (4): 28-32.

[137] 时卫民, 郑宏录, 刘文平, 等. 三峡库区碎石土抗剪强度指标的试验研究. 重庆建筑, 2005 (2): 30-35.

[138] 邓子胜. 砂土振动固结抗剪强度变化规律的试验研究. 工程力学, 2000, 17 (4): 94-98.

[139] 顾成权, 孙艳. 土体内聚力随含水量、粘粒含量及干密度变化关系探讨. 水文地质工程地质, 2005, 32 (1): 34-36.

[140] 汤连生, 张鹏程, 王洋, 等. 土体内外摩擦及摩擦强度试验研究. 岩石力学与工程学报, 2004, 23 (6): 974-979.

[141] 方海焕. 压实低塑性土的抗剪强度. 西北水资源与水工程, 1995, 6 (1): 73-77, 82.

[142] 闫芙蓉, 潘国营, 何停印, 等. 粘粒含量在岩土工程勘察中的应用研究. 焦作工学院学报: 自然科学版, 2004, 23 (5): 349-352.

[143] 刘丰收, LUBKING P. 非饱和砂土的表观粘聚力研究. 水利水电科技进展, 2001, 21 (1): 6-8.

[144] 衡朝阳, 裘以惠. 颗粒级配对含蒙脱石砂土抗液化性能的影响. 中国矿业大学学报, 2002, 31 (2): 138-141.

[145] 王铁行, 王晓峰. 密度对砂土基质吸力的影响研究. 岩土力学, 2003, 24 (6): 979-982.

[146] 龚平玲，邓飞. 砂土的抗剪强度与干密度的曲线拟合. 矿产与地质，2005，19（2）：207-208.

[147] 朱小林，杨桂林. 土体工程. 上海：同济大学出版社，1996：215-216.

[148] JTJ 064—98 公路工程地质勘察规范[S]. 北京：人民交通出版社，1999.

[149] GB 50021—2001 岩土工程勘察规范[S]. 北京：中国建筑工业出版社，2002.

[150] JTJ 051—93 公路土工试验规程[S]. 北京：人民交通出版社，1993.

[151] 卢肇钧. 粘性土抗剪强度研究的现状与展望. 土木工程学报，1999，32（4）：3-9.

[152] 林杰斌，陈湘，刘明德. SPSS11 统计分析实务设计宝典. 北京：中国铁道出版社，2002：115-118.

[153] 陈愈炯. 总强度指标的测定和应用. 土木工程学报，2000，33（4）：32-34.

[154] 马庆国. 管理统计-数据获取、统计原理、SPSS 工具与应用研究. 北京：科学教育出版社，2002：242-243，280-281.

[155] 赖琼华. 岩土变形模量取值研究. 岩石力学与工程学报，2001，20：1750-1754.

[156] 郑俊杰，区剑华，刑泰高. 参变量变分原理求解土的变形模量与压缩模量间的关系. 固体力学学报，2004，25（1）：53-57.

[157] 梁发云. 基于多孔介质理论的地基土变形模量估算方法. 岩土力学，2004，25（7）：1147-1150.

[158] 李顺群，朱怀庆. 含水量变化时非饱和土的变形研究. 武汉理工大学学报，2005，27（2）：24-27.

[159] 李志辉，罗平. SPSS for Windows 统计分析教程. 2 版. 北京：电子工业出版社，2004：248-257，213-216，352-355.

[160] 洪毓康. 土质与土力学. 北京：人民交通出版社，2001：93.

[161] 刘成宇. 土力学. 北京：中国铁道出版社，2002：137.

[162] 杨世莹. Excel 数据统计与分析范例应用. 北京：中国青年出版社，2004：378-397.

[163] PAUL MCFEDRIES. 巧学巧用 Excel 2003 公式与函数. 马树奇，金燕，译. 北京：电子工业出版社，2005：311.

[164] 梁晓丹，刘刚，赵坚. 地下工程压力拱拱体的确定与成拱分析. 河海大学学报：自然科学版，2005，33（3）：314-317.

[165] KOVARI K. Erroneous concepts behind the New Austrian Tunnelling Method[J]. Tunnels & Tunnelling, 1994, 11: 38-41..

[166] BRADY B H G, BROWN E T. Rock mechanics for underground mining[M]. London: George Allen & Unwin, 1985: 212-213.

[167] 蔡美峰. 岩石力学与工程. 北京：科学出版社，2002：330-333.

[168] TERZAGHI K. Theoretical soil mechanics. New York: John Wiley & Sons, 1947: 66-76.

[169] ABBOTT P A. Arching for Vertically Buried Prismatic Structures, Journal of the Soil Mechanics and Foundations Division, ASCE, Vol. 93. No. SM5, 1967: 233-255.

[170] BALLA A. Rock Pressure Determined from Shearing Resistance, Proc. Int. Conf. Soil Mechanics, Budapest, 1963: 461.

[171] BECK B F. Sinkholes: Their Geololgy, Engineering and Environmental Impact,

Proceedings of the First Multidisciplinary Conference on Sinkholes. Florida Sinkhole Research Institute, University of Central Florida, Orlando, 1984.

[172] BELLO A A. Simplified Method for Stability Analysis of Underground Openings. Proceedings, First International Symposium on Storage in Excavated Rock Caverns. Rockstore 77, Stockholm, Sweden, Vol. 2, 1978: 289-294.

[173] BENSON R C, LAFOUNTAIN L J. Evaluation of Subsidence or Collapse Potentials Due to Subsurface Cavities, Proceedings of the First Multidisciplinary Conference on Sinkholes. Florida Sinkhole Research Institute, University of Central Florida, Orlando, Florida, 1984 : 201-216.

[174] BIERBAUMER A. Die Dimensionerung des Tunnelmauerwerks, Engelmann, Leipzig, 1913.

[175] BJERRUM L C J. Frimann Clausen, and J. M. Duncan. Earth Pressure on Flexible Structure—A State-of-the-Art Report. Proceedings, Fifth European Conference on Soil Mechanics and Foundation Engineering, Madrid, Spain, 1972: 169-196.

[176] BURGHIGNOLI A. Soil Interaction in Buried Structures, Proceedings, Tenth International Conference on Soil Mechanics and Foundation Engineering. Stockholm, Sweden, Vol. 2, 1981: 69-74.

[177] BUTTERFIELD R. A Theoretical Study of the Pressures Developed in a Silo Containing single Sized Particles in a Regular Packing. International Journal of Rock Mechanics and Mining Sciences, Pergamon Press, Vol, 6, 1969: 227-247.

[178] CHELAPATI C V. Arching in Soil Due to the Deflection of a Rigid Horizontal Strip, Proceedings of the Symposium on Soil-Structure Interaction. University of Arizona, Tucson, Arizona, 1964: 356-377.

[179] CONNORS P. Examination of Boundary Effects in Interfacial Testing, M. S. Thesis. UMASS. Lowell, 1980.

[180] CUNDALL P A, STRACK O D L. A Discrete Numerical Model for Granular Assemblies, Geotechnique, No. 29, 1979: 47-65.

[181] DAVIS R E, BACHER. California's Culvert Research Program Description, Current Status, and Observed Peripheral Pressures. Highway Research Record, No. 249, 1968: 14-23.

[182] DE JOSSELIN DE JONG G, VERRUIJT A. Etude Photo-Elastique d'un Emoukenebt de Disques. Cah, Gr. Franc. Rheol. Vol. 2, No. 73, 1969: 73-86.

[183] DIROCCO K J. Photoelastic Measurement Techniques Utilizing Digital Image Processing for Modeling Granular Materials, M. Sc. Thesis. University of Massachusetts-Lowell. 1992.

[184] DOUGLAS I. Calcium and Magnesium in Karst Waters. Helictite, Vol. 3, 1965: 23-36.

[185] EINSTEIN H H, SCHWARTZ C W, STEINER W, et al. Improved Design for Tunnel Supports: Analysis Method and Ground Structure Behavior: A Review-Vol, II, MIT, DOT-05-60136, 1980.

[186]   EVANS C H. An Examination of Arching in Granular Soils. M. S. Thesis，MIT. 1983.

[187]   FELD J. Early History and Bibliography of Soil Mechanics. Proceedings，Second International Conference on Soil Mechanics and Foundation Engineering. Rotterdam，Vol. 1. 1948：1-7.

[188]   FINN W D L. Boundary Value Problems of Soil Mechanics，Journal of the Soil Mechanics and Foundation Division. ASCE. Vol. 89，No. SM5. 1982：39-72.

[189]   GERZLER Z M GELLERT，EITAN R. Analysis of Arching Pressures in Ideal Elastic Soil. Journal of the Soil Mechanics and Foundations Division, ASCE. Vol. 96，No，SM4，1967：1357-1372.

[190]   GETZLER Z A KOMORNIK，MAZURIK A. Model Study on Arching Above Buried Structures. Journal of the Soil Mechanics and Foundations Division，ASCE，Vol. 94. No. SM5，1981：1123-1141.

[191]   HANDY R L. The Arch in Soil Arching. Journal of Geotechnical Engineering，ASCE. Vol. 3，No. 3. 1985：302-318.

[192]   HARRIS G W. A Sandbox Model Used to Examine the Stress Distribution Around a Simulated Longwall Coal-Face, International Journal of Rock Mechanics, Mining Sciences and Geomechanical Abstracts. Pergamon Press. Vol. 11. 1974：325-335.

[193]   Highway Research Board，Structure Analysis and Design of Pipe Culverts，National Cooperative Highway，Research Report 116. 1971.

[194]   LGLESIA G，EINSTEIN H H，WHITMAN R V. Stochastic and Centrifuge Modeling of Jointed Rock Vol. 11. Centrifuge Modeling of Jointed Rock，US Air Force Office of Scientific Research，1990.

[195]   JAKOBSON B. On Pressure in Silos，Proceedings，Conference on Earth Pressure Problems. Brussels，Vol. 1. 1958：49-54.

[196]   JANSSEN H A. Versuche uber Getrcidedruck in Silozellen，Zeitschrift Verein Deutscher Ingenieure，Bd XXXIX，1895：1045-1049.

[197]   KOUTSABELOULIS N C，GRIFFITHS D V. Numerical Modeling of the Trapdoor Problem，Geotechnique，Vol. 39. No. 1. 1989：77-89.

[198]   KRYNINE D P. Discussion of Stability and Stiffness of Cellular Cofferdams by Karl Terzaghi，Transactions，ASCE，Vol. 110，1945：1175-1178.

[199]   LADANYI B，HOYAUX B. A Study of the Trap-Door Problem in a Granular Mass，Canadian Geotechnical Journal，Vol. 6. No. 1. 1969：1-15.

[200]   LUSCHER U，HOEG K. The Beneficial Action of the Surrounding Soil on the Load-Carrying Capacity of Buried Tubes，Proceeding of the Symposium on Soil-Structure Interaction. University of Arizona，Tucson，Arizona，1970：393-402.

[201]   MACDA K，MIURA K，TOKI S. Mechanical Properties of Elliptic Microstructure Formed in Granular Materials. Soils and Foundations，Vol. 35. No. 2，1995：1-13.

[202]   MCNULTY J W. An Experimental Study of Arching in Sand. Ph. D. Thesis in Civil Engineering. University of Illinois，1965.

[203] MISCHEL G A. Validation of an Ellipse-Based Discrete Element Model with Application to Granular Material Pressures in Storage Silos. Ms Thesis. University pf Massachusetts-Lowell, 1997: 28-29.

[204] PAIKOWSKY S. G, XI F. Kinematics of 2-D Particulate Media Utilizing Image Analysis. 10th ASCE Engineering Mechanics Specialty Conference, University of Colorado at Boulder. Boulder, Colorado, 1995.

[205] PAIKOWSKY S G, XI F. Photoelastic Quantitative Study of the Behavior of Discrete Materials with Application to the Problem of Interfacial Friction. Research Report. Geotechnical Engineering Research Laboratory. University of Massachusetts-Lowell, 1997.

[206] PAIKOWSKY S G, XI F. Particle Motion Tracking Utilizing a High-Resolution Digital CCD Camera. ASTM Geotechnical Testing Journal, GTJODJ, Vol. 23, No. 1, 2000: 123-134.

[207] PAIKOWSKY S G, TING J, XI F, et al. Numerical and Experimental Comparison of Shear Along Granular Material Solid Interface. ASME. Mechanics & Material Conference. Johns Hopkins University, Maryland, 1996.

[208] PAIKOWSKY S G, DIROCCO K J, XI F. Interparticle Contact Contact Force Analysis and Measurements Using Photoelastic Techniques. 2nd International Conference on Discrete Element Methods. MIT. IESL. (MIT) Publication, 1993: 449-461.

[209] PECK R B. Lateral Pressures Against Tunnels. Seminar on Lateral Soil Pressures Generated by Pipes, Piles, Tunnels, and Caissons, Dayton Section ASCE, 1975: 14.

[210] PROCTOR R V, WHITE T L. Earth Tunneling with Steel Supports. Commercial Shearing, Inc. 1977.

[211] SAKAGUCHI H, OZAKI E. Analysis of the Formation of Arches Plugging the Flow of Granular Materials. Proceedings of the 2nd International Conference on Discrete Element Method, MIT. Cambridge. Massachusetts, 1992: 153-163.

[212] SELIG E T. Stresses and Deflections Around Large Corrugated-Metal. Buried Structures. Seminar on Lateral Soil Pressures Generated by Pipes. Tunnels and Caissons, Dayton Section. ASCE, 36 p. 1975.

[213] SPANGLER M G, HANDY R L. Loads on Underground Conduits. Soil Engineering. 3rd Edition. Harper Collins, New York, 1973: 658-686.

[214] SPANGLER M G, HANDY R L. Loads on Underground Conduits. Soil Engineering. 4th Edition. Harper Collins, New York, 1982: 727-763.

[215] STONE K J L. Modeling of Rupture Development in Soils. Ph. D Dissertation. Wolfson College. Cambridge University, 1988.

[216] SZECHY K. The Art of Tunneling. 21st Edition. Akademiai Kiado, Budapest, 1966.

[217] SZECHY K. The Art of Tunneling. 2nd Edition. Akademiai Kiado, Budapest, 1973: 211-243.

[218] TERZAGHI K. Stress Distribution in Dry and in Saturated Sand Above a Yielding

Trap-Door. Proceedings, First International Conference on Soil Mechanics and Foundation Engineering. Cambridge, Massachusetts, 1936: 307-311.

[219] TERZAGHI K. Theoretical Soil Mechanics, John Wiley and Sons. New York, 1943: 66-76.

[220] TERZAGHI K, PECK R B. Soil Mechanics in Engineering Practice. 2nd Edition. John Wiley and Sons. New York, 1968: 267-268.

[221] TIEN H. A Literature Study of the Arching Effect. SM Thesis. Massachusetts Institute of Technology, 1996: 40-184.

[222] TROLLOPE D H. The Systematic Arching Theory Applied to the Stability Analysis of Embankments. Proceedings, Fourth International Conference on Soil Mechanics and Foundation Engineering, Vol. 2, 1957: 382-388.

[223] TRUESDALE W B, VEY E. An Investigation of Panel-Arching Effects in Noncohesive Soil. Proceedings of the Symposium on Soil-Structure Interaction, University of Arizona. Tucson. Arizona, 1964: 349-355.

[224] VARDOULAKIS I, GRAF B, GUDEHUS G. Trap-Door Problem with Dry Sand: A Statical Approach Based Upon Model Test Kinematics. International Journal for Numerical and Analytical Methods in Geomechanics. John Wiley and Sons, LTD. Vol. 5. 1981: 57-78.

[225] WHITMAN R V, GETZLER Z, HOEG K. Static Tests Upon Thin Domes Buried in Sand. MIT Research Project Report No. R62-41, December, 1962.

[226] WHITMAN R V, GETZLER Z, HOEG K. Tests Upon Thin Domes Buried in Sand. Journal of the Boston Society of Civil Engineers. January, 1963: 1-22.

[227] YOSHIDA T F, TATSUOKA M S A, et al. Shear Banding in Sands Observed in Place Strain. Proceedings for the Third International Workshop on Localisation and Bifurcation for Soils and Rocks, Aussois, France, 1993: 6-9.

[228] HUANG Z. Stabilizing of rock cavern roofs by rockbolts. Norway: Norwegian Univ of Science and Technology, 2001.

[229] HSIEN-JEN, STEPHEN TIEN. The arching mechanism on the micro level utilizing Photoelasticity Modeling[D]. America: Engineering in civil and environmental engineering university of Massachusetts Lowell, 2001.

[230] 小野谅况, 真井耕象. 乾燥砂层に於ける垂直土压. 土木学会, 昭和十三年, 24 (5): 11-21.

[231] 周小文, 濮家骝, 包承纲. 隧洞拱冠砂土位移与破坏的离心模型试验研究. 岩土力学, 1999, 20 (2): 32-36.

[232] 周小文, 濮家骝, 包承钢. 砂土中隧洞开挖稳定机理及松动土压力研究. 长江科学院院报, 1999, 16 (4): 9-14.

[233] 刘波, 韩彦辉. FLAC 原理、实例与应用指南. 北京: 人民交通出版社, 2005: 3-4.

[234] 李志业, 曾艳华. 地下结构设计原理与方法. 成都: 西南交通大学出版社, 2003: 68-71.

[235] 关宝树. 隧道力学概论. 成都: 西南交通大学出版社, 1993: 48-49.

[236] 李国强, 黄宏伟, 吴迅, 等. 工程结构荷载与可靠度设计原理. 北京: 中国建筑工业出版社, 2005: 230.

[237] 何广讷. 振冲碎石桩复合地基. 北京：人民交通出版社，2001：120.

[238] YS 5202—2004 岩土工程勘察技术规范[S]. 北京：中国计划出版社，2005：102.

[239] 林宗元. 岩土工程试验监测手册. 北京：中国建筑工业出版社，2005：85.

[240] 赖琼华. 岩土变形模量取值研究. 岩石力学与工程学报，2001，20（增）：32-33.

[241] 朱小林，杨桂林. 土体工程. 上海：同济大学出版社，1995：52.

[242] 于敬克. 砾石土科颗粒组成对抗剪强度的影响. 水电站设计，1991，7（4）：53-58.

[243] 于敬克. 密度及颗粒组成对土石料抗剪强度影响的概析. 水电工程研究，1989（2）：43-46.

[244] 何迎红，屈智炯. 冰渍土力学性质与微观结构的研究. 成都科技大学学报，1990（5）：23-27.